Hier spricht Guantánamo

»Das Lager von Guantánamo ist nicht nur eine Institution außerhalb des Völkerrechts, ein Camp der juristischen Willkür und der Übertretung humanitärer Übereinkünfte, es ist zugleich der erste politische Mythos des beginnenden Jahrhunderts – der Ort, der den Begriff der ›Vogelfreiheit‹ vom Mittelalter auf die Gegenwart überträgt und ihn zeitgemäß interpretiert.«

Aus dem Vorwort

Seit den Anschlägen vom 11. September sind Hunderte von angeblich Verdächtigen in Guantánamo interniert worden, und Hunderte sind es immer noch, deren Gegenwart reiner Willkür unterliegt und deren Zukunft ungewiss ist – obwohl die US-Regierung bislang jeden Nachweis der Mittäterschaft auch nur eines der Gefangenen schuldig geblieben ist.

Wer entlassen wird, muss einen Revers unterschreiben, über die Bedingungen seiner Haft Stillschweigen zu bewahren. Erstmals für dieses Buch haben sich fünf ehemalige Häftlinge bereit gefunden, das Redeverbot zu missachten und ebenso detailliert wie authentisch zu berichten, was ihnen widerfahren ist. Eindrucksvoll ist dabei vor allem, wie sehr sie darum bemüht sind, die Schrecknisse des Lagerlebens nicht etwa zu dramatisieren, sondern in möglichst sachlichem Tonfall anzusprechen. Gerade weil es ihnen nicht um die denkbar schrecklichsten Haftbedingungen geht, wird deutlich: Guantánamo *ist* Folter. Und die fünf ehemaligen Gefangenen sind auch nach ihrer »Freilassung« alles andere als frei.

Roger Willemsen, Autor zahlreicher Bücher, Regisseur von Dokumentarfilmen, Fernsehmoderator und Verfasser zeitkritischer Essays, arbeitet seit vielen Jahren als Botschafter für amnesty international. Im November 2005 reiste er für diese Interviews nach Afghanistan, Russland und in den Nahen Osten. Zeitgleich mit diesem Buch erscheint seine *Afghanische Reise* im S. Fischer Verlag.

Hier spricht Guantánamo

Roger Willemsen interviewt Ex-Häftlinge

Unter Mitarbeit von Nina Tesenfitz
Übersetzungen von Lucine Tamenian, Nadia Karim, Michail Firstow, Majid Ibrahim, Roger Willemsen

Zweitausendeins

Originalausgabe.
1. Auflage, Februar 2006.
2. Auflage, Februar 2006.
3. Auflage, März 2006.
4. Auflage, März 2006.

Lektorat: Klaus Gabbert (Büro W, Wiesbaden).
Korrektorat: Ekkehard Kunze (Büro W, Wiesbaden).
Umschlag: Johannes Paus, Nördlingen, und Fritz Fischer, Hamburg.
Foto: Jörg Steinmetz.
Satz und Herstellung: Johannes Paus, Dieter Kohler GmbH, Nördlingen.
Druck und Einband: Freiburger Graphische Betriebe.
Printed in Germany.

Dieses Buch gibt es nur bei Zweitausendeins im Versand, Postfach, D-60381 Frankfurt am Main, Telefon 069-420 8000, Fax 069-415 003.
Internet www.Zweitausendeins.de, E-Mail Service@Zweitausendeins.de.
Oder in den Zweitausendeins-Läden in Berlin, Düsseldorf, Frankfurt am Main, Freiburg, 2× in Hamburg, in Hannover, Köln, Mannheim, München, Nürnberg, Stuttgart.

In der Schweiz über buch 2000,
Postfach 89, CH-8910 Affoltern a. A.

ISBN 10: 3-86150-757-9
ISBN 13: 978-3-86150-757-4

Inhalt

Vorwort

Über Guantánamo ist alles gesagt. Bis auf das, was die Häftlinge zu sagen hätten.

Doch während von journalistischer Seite weltweit viel publiziert, von administrativer Seite viel erwidert worden ist, bleibt die Erfahrung der Gefangenen selbst merkwürdig unterrepräsentiert. So mag man etwa kaum glauben, dass die deutsche Tagespublizistik – entgegen der starken öffentlichen Anteilnahme am Lager von Guantánamo – schlicht desinteressiert sein soll.

Kein einziges ausführliches Interview mit einem der entlassenen Häftlinge ist in diesem Land erschienen. Doch man hat zahlreiche Artikel lesen können, in denen wider besseres Wissen die hohe Gefährlichkeit dieser Häftlinge auf der einen und ihre menschenwürdige Behandlung auf der anderen Seite behauptet wurde, ja, manchmal wanderten die Bulletins der US-Regierung zu Guantánamo so kritiklos adaptiert in die Tagespresse wie die Verlautbarungen ihres Generalstabs zu Golfkriegszeiten.

Sollte dies Ausdruck von Loyalität sein, so handelte es sich um falsche Loyalität, und sollte die Presse frei sein, dann hätte sie von dieser Freiheit gerade im Fall von Guantánamo wohl mehr Gebrauch machen müssen – und zwar nicht nur zum Nachweis der eigenen Unabhängigkeit.

Dieses Lager verdient wie alle anderen Geheimcamps, in denen Menschen ohne Prozess jahrelang festgehalten und gefoltert werden, eine ebenso scharfe Beobachtung wie Verurteilung. Es verdient eine Radikalität der Ablehnung, die man zwischen den moderaten Tönen der Diplomatie und der Leitartikel weitgehend vermisst.

Guantánamo wird immer noch als eine Irritation, nicht als das Skandalon einer Demokratie betrachtet, die sich frei fühlt, selbst zu bestimmen, wer auf ihre Grundrechte keinen Anspruch hat und wer deshalb ohne Prozess verschleppt und entführt, isoliert, psychisch und physisch gefoltert, gebrochen und, seiner vitalen Lebensmöglichkeiten beraubt, zurückgelassen werden darf.

Die politische Rhetorik ist zu keinem Zeitpunkt auf der Höhe dieses Skandalons gewesen. Sie hat auch die Erklärungen des US-Präsidenten nicht als die groben Desinformationen behandelt, die sie tatsächlich sind und als die sie bereits eine unrühmliche Tradition aufrufen. Der Realität dieses Lagers gegenüber ist die diplomatische Duldung, die es erfährt, selbst Teil jener Folter, die dort praktiziert wird. Denn die Häftlinge von Guantánamo leiden auch darunter, dass das Wissen der Welt so folgenlos ist.

Über Guantánamo ist alles gesagt. Bis auf das, was die Häftlinge zu sagen haben, und das ist bisher wenig. Natürlich hätten sie vieles zu berichten, denn sie sitzen ja meist schon seit Jahren im Lager und werden von der Hoffnung getragen, dass man sie eines Tages vor Gericht stellt und hört.

Manche sagen sogar, gegenüber allen Prozeduren der Folter und allen Deformationen, die sie in der Isolation erleiden, habe sie nur die Aussicht getragen, eines Tages ihre Version zu Gehör bringen zu dürfen. Doch dann gibt es kein Tribunal und keinen Prozess, und sie kommen heraus, müssen unterschreiben, dass sie schweigen werden, und stellen fest, dass man sich auf journalistischer Ebene allenfalls oberflächlich für ihre Erfahrungen interessiert.

Als Angela Merkel zum Antrittsbesuch in Washington Guantánamo ansprach, erwiderte George W. Bush mit dem Satz: »Ich fordere jeden Journalisten dringend auf, sich da unten selbst ein Bild davon zu machen, wie die Gefangenen behandelt werden. Diese Menschen haben wir von einem Schlachtfeld entfernt, auf dem sie kämpften, um uns Schaden zuzufügen.« Bei anderen Gelegenheiten hat der Präsident betont, wie gut und übereinstimmend mit internationalen humanitären Regeln die Häftlinge in Guantánamo behandelt würden.

George W. Bush hat diese Einladung oft ausgesprochen. Doch wurden Journalisten, die ihr folgten, meist nur in einem Abstand von fünfhundert Metern an die Käfige von Camp Delta herangelassen, mit den Häftlingen zu sprechen, war verboten, und die »härteren« Lager, die Straflager, die Isolierzellen und bestimmte Krankenstationen blieben für die Öffentlichkeit uneinsehbar.

Journalisten sahen in der Regel allenfalls Camp 4, das so genannte »fattening camp«, in dem laut Aussage des Häftlings Hamed Abderrahman Ahmad aus Spanien Gefangene landen, die demnächst freigelassen werden und zu diesem Zweck vorher Gewicht zulegen sollen. Sinnlos, unter diesen Bedingungen eine Einladung an Journalisten auszusprechen, einfältig, das Lager zu besuchen und zu glauben, man brächte etwas anderes von hier mit als die Resultate von Public Relations.

Zudem steht Bushs Aussage, in Guantánamo werde nicht gefoltert, in einer langen Kette präsidialer Unwahrheiten, die man auch so sollte nennen dürfen, und weniger als diese selbst erstaunt die Toleranz, die man ihr entgegenbringt, zeigt man sich doch sonst gerade in Deutschland empfindlich gegenüber allem, was »Lager« heißt, zumal wenn es keinerlei juristischen Schutz genießt.

Das Lager von Guantánamo aber ist nicht nur eine Institution außerhalb des Völkerrechts, ein Camp der juristischen Willkür und der Übertretung humanitärer Übereinkünfte, es ist zugleich der erste politische Mythos des beginnenden Jahrhunderts, der Ort, der den Begriff der »Vogelfreiheit« vom Mittelalter auf die Gegenwart überträgt und ihn zeitgemäß interpretiert. Giorgio Agambens Reflexionen über das »nackte Leben« wurden nicht umsonst in der Auseinandersetzung mit dieser Institution präzisiert.

Zugleich lernen wir den Sinn unserer Rechtsgrundlagen neu verstehen und Guantánamo erkennen als im Kern zirkulär begründet: Im Lager soll ermittelt werden, dass es sich bei den Insassen um gesetzlose Straftäter handelt, die deshalb ihre Inhaftierung im Lager verdienen. Das heißt, hier wird das Urteil vor die Anklage, vor die Beweisaufnahme, vor die Verhandlung gestellt. Nur der Spruch steht schon fest, und unter seiner Last vegetieren manche der Häftlinge seit über vier Jahren im Lager.

Doch wie begründet der Präsident seine Aussage, im Lager säßen ausschließlich gesetzlose Kriminelle, »illegal combatants«, die die Sicherheit der Vereinigten Staaten ernsthaft bedrohten? Wie begründet er sie auch vor dem Hintergrund der Tatsache, dass ja inzwischen über zweihundert Häftlinge entlassen wurden – natürlich ohne Prozess, ohne Urteil, ohne Rehabilitation und ohne Entschädigung, aber nach Unterzeichnung einer Erklärung, in der sie sich verpflichten, über das Lager nicht zu sprechen?

Folgen wir also der Einladung des Präsidenten und besuchen nicht das Guantánamo, das wir sehen sollen, sondern jenes, das wir nicht sehen sollen und das ganz aus der Erfahrung derer besteht, die hier jahrelang gelitten haben. Und da es sich bei diesen Gesprächspartnern um freigelassene Gefangene handelt, kann auch die US-Regierung nicht behaupten, die hier gesammelten Aussagen stammten von gesetzlosen Kriminellen und Kämpfern, die den Weltfrieden bedrohten.

Über Guantánamo ist alles gesagt. Irene Khan, Generalsekretärin von amnesty international, hat das Lager mit einem »Gulag« verglichen. Die Kritik, die sie erntete, tönte bisweilen lauter als die an Guantánamo selbst. Dabei hatte sie mit dem Vergleich vor allem die Haftbedingungen im Auge gehabt.

Inzwischen aber ist eine Bedeutung dieses Camps in den Vordergrund getreten, die den sowjetischen Lagern nicht eignet. Guantánamo ist ein Ort mit Schauwert, ein kathartischer Ort mit quasi »hygienischer« Bedeutung für eine Öffentlichkeit, die seit Beginn der amerikanischen Terrorfahndung durch Bombardements in Afghanistan und im Irak einen Ort braucht, auf den sie weisen und sagen kann: Dort sitzen die Verantwortlichen. Dergleichen drucken ja auch deutsche Zeitungen und Nachrichtenmagazine und verleihen dem Lager damit eine gewisse Legitimität. Bisher ist die US-Regierung – über vier Jahre nach der Einrichtung des Lagers – jeden Nachweis der Mittäterschaft eines der Guantánamo-Häftlinge an den Anschlägen vom 11.9. schuldig geblieben. Aber wenn die Lagerwachen in Guantánamo Symptome nachlassender Motivation zeigen, werden ihnen immer wieder die Bilder der einstürzenden Twin Towers vorgespielt, versehen mit dem Hinweis: Hier sitzen sie, die das getan haben!

Anders gesagt: Auch wenn die Unschuld sämtlicher Guantánamo-Häftlinge erwiesen, auch wenn juristisch unzweifelhaft wäre, dass es keinerlei Rechtfertigung für den Status »vogelfreier« »Terroristen« gäbe, müsste Guantánamo aufrechterhalten werden, damit vor allem der amerikanischen Öffentlichkeit der Ort nicht abgeht, auf den sie ihre legitime Klage und ihre Wut konzentrieren kann. Mit den Gefangenen, die man hierfür braucht, treibt der deklarierte Rechtsstaat ein Spiel, das diesen selbst aus den Fugen hebt – auch eine der Konsequenzen des 11.9., die die Anfälligkeit dieses Rechtsstaates für seine Überwindung beweisen.

Die These, dass es in Guantánamo schon längst nicht mehr um einen Tatverdacht geht, könnte auch durch die Tatsache erhärtet werden, dass die afghanische Nordallianz ehemals Häftlinge an die amerikanischen Behörden verkaufte, dass Häftlinge wiederholt beobachtet haben, wie man Geld für sie zahlte, dass die Biografien mancher Gefangener nicht den leisesten Hinweis auf eine kriminelle Tätigkeit enthalten, dass Angehörige von Hilfsorganisationen dort festgehalten, dass Übersetzer eingesetzt wurden, die die Verhöre zum Teil offenbar kaum verstanden, dass Häftlinge davon sprechen, an ihnen sei in jeder Hinsicht immer nur geübt worden.

Auch der *New Yorker* gab seinem im Juli 2005 veröffentlichten Artikel von Jane Mayer die Überschrift »The Gitmo Experiment«. Hier wird der Nachweis angetreten, dass zahlreiche der in Guantánamo Beschäftigten nicht für die Betreuung der Häftlinge zuständig seien, sondern als Assistenten bei den Verhören fungieren. Die Aufgabe dieser Mitglieder des Behavioral Science Consultation Teams, kurz BSCTs (im militärischen Jargon »Biscuits«), besteht normalerweise darin, den Widerstand amerikanischer Soldaten im Verhör vorbeugend zu stärken.

In Guantánamo werden diese Spezialisten eingesetzt, um dieselbe Technik umzukehren und die Häftlinge im Verhör zu brechen.

Die Verhältnisse im Lager sind inzwischen verschiedentlich dokumentiert worden, am eindrucksvollsten von David Rose in seinem Buch *Guantánamo Bay. Amerikas Krieg gegen die Menschenrechte*. Die hier und andernorts erscheinenden Zitate von Häftlingen lassen die von Bush, Rice und Rumsfeld stereotyp wiederholten Aussagen zu den menschenwürdigen Bedingungen im Lager als groteske Verzerrung der Fakten, also als Propaganda, erkennen.

»Nach einer Weile«, so Jamal al-Harith, Webdesigner aus Manchester, »haben wir nicht mehr um Menschenrechte gebeten – wir wollten nur noch Tierrechte. Im Camp X-Ray war mein Käfig direkt neben einem Zwinger mit einem Schäferhund. Der hatte eine Holzhütte mit Klimaanlage und Gras. ›Ich will die gleichen Rechte wie er‹, habe ich zu den Wächtern gesagt. Darauf haben die gesagt: ›Dieser Hund ist Mitglied der US-Streitkräfte.‹«

Der Bäcker Shah Mohammed aus Pakistan verbrachte in Guantánamo drei Monate in der Nachbarzelle des australischen Häftlings David Hicks. Dessen Außenminister Alexander Downer hatte immer betont, es lägen keinerlei Hinweise auf eine schlechte Behandlung des Häftlings Hicks vor. Die US-Behörden ergänzten, Hicks sei zu keiner Zeit in der US-Haft misshandelt worden. Nun sagte Shah Mohammed nach seiner Freilassung aus, dass David Hicks mehrfach an Händen und Füßen festgebunden und brutal geschlagen worden sei. Als »white boy«, der er ist, habe er als doppelter Verräter gegolten.

Im Mai 2004 nahm Außenminister Downer dann noch einmal zu den Foltervorwürfen Stellung: »Wenn Leute kommen und andere wegen Menschenrechtsverletzungen anklagen, sollten sie mal ihre Beweise vorlegen, statt einfach andere anzuschwärzen und ohne die geringsten Beweise zu suggerieren, es sei ihnen etwas ganz Entsetzliches passiert.«

Die Helfershelfer von Guantánamo und Abu Ghraib sitzen gleich in mehreren demokratischen Regierungen. Ihr Demokratieverständnis erlaubt es, willkürlich und ohne Beweise Menschen über Jahre zu inhaftieren, ihnen Prozesse und Entschädigungen zu verweigern, anschließend ihre vielfachen, auch vielfach dokumentierten Verletzungen zu ignorieren und die Weltöffentlichkeit zu desinformieren. Sie haben sich zugleich durch die Bereitstellung von Militärbasen und die Unterdrückung von Informationen aus anderen Straflagern der USA an diesen Lagern beteiligt.

Ein Sprecher des Pentagons kommentierte, die Gefangenen würden human behandelt, ihr Glaube werde respektiert. Es sei das Terrornetzwerk Al Qaida, das die Häftlinge angewiesen habe, Foltervorwürfe gegen die amerikanischen Wachen zu erheben.

Weiter lässt sich die Infamie schwerlich treiben: Zwar wurde keinem der über zweihundert inzwischen entlassenen Gefangenen Zugehörigkeit zur Al Qaida nachgewiesen, aber jetzt sollen die Foltervorwürfe selbst auf das »Terrornetzwerk« zurückgehen. Anders gesagt: Wer auf der Einhaltung der Menschenrechte besteht, bewegt sich schon damit in den Dunstkreis derer, die die Welt bedrohen. Drastischer und auch gedanklich schlichter ist man wohl selten gegen Menschenrechtsvertreter und Folteropfer vorgegangen.

Inzwischen aber hat das FBI eingeräumt, an 747 Gefangenenbefragungen in Guantánamo beteiligt gewesen zu sein, und der Bürgerrechtsorganisation American Civil Liberties Union (ACLU) liegen die E-Mails von FBI-Agenten vor, in denen unfreiwillig die Schrecken der Verhöre dokumentiert werden. Dort ist von 18- bis 24-stündigen Befragungen und von gefesselten Häftlingen die Rede, die ohne Stuhl am Boden kauern, mit Musik beschallt, in eine israelische Flagge eingehüllt werden, sich selbst mit ihrer Notdurft beschmutzend und von ausgerissenen Haaren bedeckt.

Der britische Häftling Jamal al-Harith berichtete auf der Guantánamo-Konferenz, die amnesty international im November 2005 in London abhielt, dass man ihm bei seiner Ankunft in Guantánamo gesagt habe: »Du bist nun Eigentum der Vereinigten Staaten.« Die »Verhörspezialisten« waren allerdings später von der Erfolglosigkeit ihrer Anstrengungen in seinem Fall so entnervt, dass sie ihm in einem besonders verzweifelten Moment sogar ein Haus und ein Auto versprachen, wenn er nur irgendetwas zugeben würde.

Auch dem Briten Martin Mubanga, der nach seiner Festnahme in Sambia zunächst mit »Verhörspezialisten« der CIA und des MI5 im Land von Motel zu Motel reiste, sagte ein hochrangiger Offizier nach seiner Ankunft auf Kuba: »In Guantánamo hast du keine Rechte.« Auch er wurde gebeten, irgendetwas zuzugeben. Zwar glaube man ihm ja, dass er nichts verbrochen habe, so die Ermittler, aber ohne Geständnis stünden sie andernfalls schlecht da.

Clive Stafford Smith, Anwalt von über vierzig Guantánamo-Häftlingen und Leiter von Reprieve (einer internationalen Menschenrechtsorganisation, die sich vor allem gegen die Todesstrafe einsetzt), fasst nach mehreren Besuchen auf Kuba zusammen: »In Guantánamo wirst du von Anfang bis Ende belogen.« Er berichtet auch, einige seiner Klienten gäben an, sie seien »zur Vorbeugung« gefoltert worden. Auf die Frage, warum man ihnen Schmerz zufüge, obwohl sie unschuldig seien, habe man erwidert, selbst wenn dem so sei, wolle man wenigstens gewährleisten, dass sie in Zukunft keinen Unsinn anstellten.

Clive Stafford Smith hat jedoch auch seine eigenen Erfahrungen mit der Zensur rund um Guantánamo gemacht: Ein zweiseitiger Brief an Tony Blair, in dem er über Folter und Misshandlungen an seinen britischen Mandanten berichtete, erreichte diesen komplett geschwärzt. Nur die Anrede und der letzte Satz waren noch zu lesen. In diesem letzten Satz hatte Smith ironischerweise darauf hingewiesen, dass der Brief bei Blair vielleicht an einigen Stellen geschwärzt ankomme, da er noch von den US-Militärs gegengelesen werde.

Schließlich berichtet derselbe Gefangenenvertreter, wie Anwälte insgesamt von den Aufsehern als Verräter und Spione diskreditiert würden, etwa mit Sätzen wie: »Weißt du, dass dein Anwalt Jude ist und schon mal den Staat Israel vertreten hat? Wie kannst du dich unter deinen Mitgefangenen da noch blicken lassen?«

Über Guantánamo scheint also wirklich alles gesagt zu sein, nur was die Häftlinge zu sagen haben, erscheint in den Veröffentlichungen als disparat, oft zweckhaft verfälscht und instrumentalisiert. Auch sind ihre Schilderungen in der Regel so gekürzt, dass die Biographien der vermeintlich »illegalen Kämpfer« nicht klar genug werden. Erst wenn man die Lebensgeschichten der Inhaftierten und ihren Leidensweg bis zum jetzigen Zustand verfolgt, wird deutlich, wie haltlos mancher Vorwurf, wie schrecklich die Situation ist, die Guantánamo hinterlässt.

Selbst vorhandene Häftlingsinterviews – manchmal unter Vorspiegelung falscher Tatsachen geführt – wurden bisweilen zur Entlastung der US-Behörden eingesetzt, etwa, indem man Guantánamo als Freizeitpark beschrieb, in dem die Gefangenen durch Fitness und Entertainment verwöhnt würden.

Es war deshalb nicht leicht, für die Gespräche in diesem Band das Vertrauen der ehemaligen Gefangenen zu erlangen, und ihre Abwehr ist berechtigt. Über einigen unzugänglichen Bergdörfern Afghanistans, in denen gleich mehrere Exhäftlinge wohnen, sind inzwischen Flugblätter abgeworfen worden mit dem Hinweis, man möge ausländischen Journalisten (wenn es sich denn um solche handelt) keine Interviews geben, da diese in den USA gegen die Häftlinge verwendet würden. So waren viele der ehemaligen Häftlinge nicht mehr bereit, in eigener Sache Auskunft zu geben. Andere haben zwar berichtet, wollten aber nicht einmal anonymisiert im Buch erscheinen.

Ohne das Vertrauen und die Unterstützung vieler Personen, insbesondere haupt- und ehrenamtlicher Mitarbeiter/innen von amnesty international und Reprieve und einiger engagierter Privatleute, hätte dieses Buch nicht entstehen können. Vor allem in Afghanistan sind einige Beteiligte, die mit Verbindungen zu ehemaligen Taliban geholfen haben, erhebliche Risiken eingegangen.

In der Sache, aber auch in der Form, handelte es sich hier um besondere Gespräche, schon weil das ermittelnde Interview unvermeidliche Nähe zum Verhör besitzt. Wir mussten also damit rechnen, dass Teile der hier gestellten Fragen auch in den Verhören durch die US-Beamten formuliert worden und somit belastet waren. Wir mussten uns außerdem darauf einstellen, dass Verstörungen und Zwangsvorstellungen in den Gesprächen sichtbar werden, dass ferner Häftlinge, die keine Ausbildung genossen, sondern eher einfachen Berufen nachgegangen waren, lieber nahe am Konkreten berichten und weniger gerne als politisch Reflektierende erscheinen wollen würden. Wir mussten uns auf thematische Doppelungen einstellen, auch auf Wiederholungen und Unbeholfenheiten im Ausdruck.

Die fünf Häftlinge vereinigte in ihrem Auftreten und ihrer Erscheinung eine eigene Festigkeit und Haltung, hinter der man den Grund vermuten möchte für jene Unzerstörbarkeit, die sie in Guantánamo bewiesen. Sie alle zeigten – bei deutlich erkennbaren Folgeleiden der Lagerzeit – eine Konzentration und Fokussierung, die in jedem Lebenszusammenhang beeindruckend gewirkt hätte. Die Fähigkeit dieser Exhäftlinge aber, sich – manchmal stockend, mehrfach ansetzend, mit sich ringend – der Vergangenheit im Lager zu stellen und dabei selbst Dinge anzusprechen, die einem muslimischen Mann als im höchsten Maße ehrenrührig erscheinen müssen, war staunenswert.

Ebenso eindrucksvoll war ihre Bemühung, noch im nebensächlichsten Detail präzise zu sein. Das Gros der hier ausgebreiteten Informationen ist nicht nachrecherchierbar. Wo es möglich war, haben wir es getan, und die große Übereinstimmung der unterschiedlichen Darstellungen erlaubt einen Rückschluss auf die Fakten. Unzweifelhaft aber war der Wahrheitswille der ehemaligen Häftlinge. In Amman entfernte sich einer der Gesprächspartner einmal zum Gebet aus dem Raum. Als er zwanzig Minuten später wieder eintrat, tat er dies mit den Worten: »Ich sagte vorhin, es habe sich um den 21. Januar 2002 gehandelt. Ich muss mich korrigieren, es war der 22. Januar.«

Es konnte daher für dieses Buch nur darum gehen, die Gespräche so originalgetreu wie möglich wiederzugeben, also die Diktion, den Gestus der Sprecher zu erhalten und die übliche journalistische Nachbearbeitung der Gespräche auf das Notwendigste zu reduzieren.

Es geht zudem hier nicht um die schrecklichste denkbare Version des Lagerlebens. Es geht um ein authentisches Bild dessen, was den ehemaligen Häftlingen widerfahren ist, und zwar nicht nur in Guantánamo, sondern schon in ihrer Heimat, später am Ort ihrer Verhaftung, in den unterschiedlichen Lagern, die sie durchliefen, bis sie nach Kuba kamen, und schließlich an ihrem jetzigen Aufenthaltsort.

Gerade die gegenwärtige Situation ist für alle Befragten so trostlos, weil die Vergangenheit im Lager ihnen aus äußeren, aber auch aus seelischen Gründen das Arbeiten, die Integration in Familie und Gemeinde, die Versorgung ihrer Familien, ja, selbst den Verbleib in den Ländern, in die man sie ausgeflogen hat, schwierig, wo nicht unmöglich macht.

Bemerkenswert erscheint in diesem Zusammenhang, mit wie viel Haltung, stellenweise auch Vornehmheit die Exhäftlinge ihre Klage führten. Den Antworten fehlte darüber hinaus jedes Kalkül, strategisch waren sie nicht, und suggestiv klingende Fragen wurden mehrfach sachlich dementiert.

Selbst anklagende Passagen brachten unsere Gesprächspartner ruhig, in deutlicher Selbstbeherrschung vor. Geradezu penibel waren sie nämlich an der wahrhaftigen Darstellung interessiert. Manchmal haben sie deshalb eben auch gesagt, dass sie bestimmte Foltertechniken nicht erlebt hatten. Manchmal haben sie Einzelheiten, die andere vor ihnen berichtet hatten, selbst nicht bestätigt. So sehr dies ihre Glaubwürdigkeit erhöhen mag, folgt es doch logisch der hierarchischen Organisation von Guantánamo, das vom Straflager bis aufwärts zum »fattening camp« mehrere »Härtegrade« kennt. Eine solche Staffelung erlaubte ein differenziertes Bestrafungs- und Belohnungssystem, mit dem sich bei Verhören effizient arbeiten lässt. Sie ist zugleich der Grund, weshalb die Erfahrungen der ehemaligen Gefangenen manchmal deutlich voneinander abweichen.

Über Guantánamo ist alles gesagt, aber nur über Guantánamo. Das von amnesty seit Jahrzehnten bekämpfte »Verschwindenlassen« von Personen bekommt seit dem 11.9. eine neue, globale Dimension. Stephen Toope von der Working Group on Enforced and Involuntary Disappearances der UN-Menschenrechtskommission hat auf die enge Korrelation zwischen Antiterrorkampf und »Verschwindenlassen« hingewiesen. Er sagt auch, Guantánamo sei nur die »winzige sichtbare Spitze des Eisbergs«. Aktuelle Schätzungen gehen von etwa 65000 »prisoners of war« aus, darunter befinden sich mindestens 13000 so genannte »ghost detainees«, die in geheimen Haftzentren systematisch desorientiert, von einem geheimen Ort zum nächsten gebracht und dabei kontinuierlich gefoltert werden.

Auch die dem Lager von Guantánamo durch Freilassung entkommenen Häftlinge berichten von Folterungen, selbst von Toten in den Lagern von Bagram und Kandahar, zwei weiteren Lagern unter amerikanischem Kommando, und dass Präsident Bush unter dem Gelächter der anwesenden Presse angab, von deutscher Unterstützung im Irak-Krieg nichts zu wissen, so wie er auch von Gefangenentransporten über deutsche Militärbasen und Flughäfen nichts gewusst haben wollte, verheißt nichts Gutes.

Die Häftlinge in diesem Buch mögen entlassen sein, frei sind sie nicht, nicht im Sinne einer Überwindung der Erfahrungen von Guantánamo, nicht im Sinne einer mündigen Bestimmung ihres Lebens, und auch nicht im Sinne einer Unabhängigkeit von den amerikanischen Ermittlern.

Abdullah al-Malki, kanadischer Staatsbürger, erzählte auf der Guantánamo-Konferenz in London, wie er und seine Familie schon vor seiner Festnahme über Monate hinweg in Kanada beschattet wurden: »Sie folgten meiner Frau und unseren Kindern sogar bis in die Kinderbuchabteilung der Bücherei.« Auf einer Geschäftsreise verhörten ihn die malaysischen Behörden. Als er wegen einer Familienangelegenheit nach Syrien flog, wurde er am Flughafen verhaftet und zehn Monate lang in einer winzigen und dunklen Zelle festgehalten, verhört, misshandelt, gefoltert. Als er nach Hause zurückkehrte, traute er niemandem mehr, nicht einmal Bruder und Ehefrau.

Der jordanische Häftlingsanwalt Samih Kreiss erzählt, wie er von amerikanischen Journalisten mit seltsamen Fragen konfrontiert wurde. Als er anmerkte, weder die Fragen noch der Körperbau der Herren seien journalistisch, sondern eher militärisch, verließen diese wütend seine Räumlichkeiten.

Von Schikanen, Ausspähungen, Nachforschungen im Umfeld können die meisten entlassenen Häftlinge berichten. Ihr Leben wird sich von Guantánamo nicht mehr erholen. Zu schweigen von denen, die im Lager als »erloschen« gelten, als »verwirrt« oder »gebrochen«. Wenn sie nicht gehorchten, so drohte eine der Lagerwachen, werde man dafür sorgen, dass am Ende keiner der Gefangenen mehr »with us« sei.

Die Stimmen aus Guantánamo beschreiben eine Situation, in der sich eine Demokratie gegen die eigenen Voraussetzungen stellt. Dieser Vorgang schafft Präzedenzfälle, er betrifft alle, denn er bedroht alle, und da inhumanen Verhältnissen gegenüber Toleranz selbst inhuman ist, erlaubt das Lager von Guantánamo nur eine radikale Reaktion: Es muss öffentlich – und es muss geschlossen werden.

Khalid Mahmoud al-Asmar

Khalid Mahmoud al-Asmar war zum Zeitpunkt des Interviews erst seit wenigen Monaten in Freiheit. Der ehemalige Mitarbeiter einer Hilfsorganisation und spätere Gewürzhändler war 1985 zum Studium nach Pakistan gegangen und aus politischen Gründen im Jahr 2000 nach Afghanistan gezogen. 2002 wurde er nach Guantánamo gebracht. Er lebt heute arbeits- und mittellos in der Nähe von Amman. Das Gespräch fand im Beisein seines Anwalts statt.

Herr Khalid, bitte beschreiben Sie mir Ihr Leben vor dem 11. September 2001.

Ich bin 1985 nach Pakistan gereist, um dort an einer Universität zu studieren. Der Zweck meiner Reise nach Pakistan 1985 war also das Studium. Wegen der Nähe Pakistans zu Afghanistan und dem damaligen Aufruf einiger islamischer Persönlichkeiten, entweder militärische oder humanitäre Hilfe für Afghanistan zu leisten, entschied ich 1986, nach Afghanistan weiterzureisen, um dort humanitäre Hilfe zu leisten. Ich war davon überzeugt, dass die Afghanen Hilfe bräuchten, und war von der humanitären Hilfe überzeugt.

Ich blieb auf diesem Feld tätig und habe während meiner Arbeit dort eine Afghanin geheiratet. Mein Aufgabengebiet war die Versorgung von Waisen, Witwen und Armen mit Dingen des täglichen Bedarfs und Hilfsmitteln. Ich habe dort eine Waise kennen gelernt und sie am 16. Oktober 1987 geheiratet. Humanitäre Hilfe leistete ich bis 1994. Danach habe ich mit dieser Arbeit aufgehört und mit einer selbstständigen Tätigkeit als Gewürzhändler begonnen. Ich habe diesen Beruf ausgeübt, bis ich 2002 verhaftet worden bin. Ich war also von 1994 bis 2000 in Pakistan und habe dort als Gewürzverkäufer gearbeitet.

Das heißt, Sie haben Afghanistan im Jahr 1994 verlassen?

Nein. Ich habe von 1986 bis 1994 zwar in Afghanistan gearbeitet, aber mein Haus war in Pakistan. Ich bin also wegen meiner Arbeit zwischen Afghanistan und Pakistan gependelt. In Afghanistan hatte ich natürlich meine sozialen Kontakte; ich habe dort 1987 geheiratet und habe 1996 abermals und wieder eine afghanische Frau geheiratet. Ich habe Kinder, deren Onkel, Tanten und Großeltern in Afghanistan leben. Aufgrund der Familie habe ich zu Afghanistan ein normales Verhältnis und mir deshalb überlegt, dass ich eines Tages wegen dieser Verbindungen nach Afghanistan gehen und dort mit meiner Familie und den Kindern leben würde. Dies geschah dann im Jahr 2000.

Warum haben Sie Pakistan dann tatsächlich verlassen?

Im Jahr 2000, als Pervez Musharraf in Pakistan an die Macht kam, wurden die Afghanen und Araber in Pakistan bedrängt, insbesondere die Araber natürlich. Ich hatte eine befristete Aufenthaltsgenehmigung, und dadurch konnten sie auf mich Druck ausüben. Ich habe versucht, die Aufenthaltsgenehmigung zu verlängern, aber mein

Antrag ist abgelehnt worden. Danach habe ich mich weiter bemüht, und sie sagten, sie seien bereit, sie zu verlängern. Allerdings verlangten sie eine hohe Summe dafür. Dies habe ich abgelehnt, was dazu geführt hat, dass die Sicherheitskräfte mich immer wieder belästigten.

Aus diesem Grund war ich gezwungen, Pakistan zu verlassen. Wir berieten uns in der Familie, und meine Frauen sagten, wir sollten nicht nach Jordanien, sondern zurück in ihre Heimat Afghanistan gehen, um dort zu leben. Tatsächlich war dies die Entscheidung, die wir getroffen haben. Ich bin vor meiner Familie nach Afghanistan gereist und habe die Lage dort erkundet und gefunden, dass die Lage dort für uns gut wäre. Ich bin zurück nach Pakistan gereist und habe meine Familie geholt.

Wie viele Kinder hatten Sie zu dieser Zeit?

Ich hatte von meinen beiden Frauen sechs Kinder. Und jetzt habe ich sieben Kinder. Wir bekamen ein Kind in Kabul. Am 2. Juli 2000 bin ich mit meiner Familie und unseren Möbeln ganz nach Kabul umgezogen. Dort bin ich meiner Arbeit als Gewürzhändler weiter nachgegangen, zusätzlich konnte ich eine andere Arbeit finden: Ich habe für eine Organisation gearbeitet, nicht als offizieller Angestellter, sondern ich habe ihnen Lebensmittel geliefert. Mit dieser Organisation habe ich einen Vertrag geschlossen, denn sie hatte keine Zweigstelle in Afghanistan. Vertreter kamen nach Afghanistan alle zwei bis drei Monate und brachten Geld mit, sie kauften Lebensmittel und verteilten sie an Arme und Bedürftige. Der Vertrag schrieb vor, dass ich sie zu festgelegten Terminen mit Lebensmittel beliefern soll.

Um was für eine Organisation handelte es sich?

Es war eine islamische Organisation ohne Niederlassung in Kabul. Sie kamen aus Pakistan, wo sie eine Zweigstelle hatten, alle zwei bis zweieinhalb Monate nach Afghanistan. Ich habe sie mit Lebensmitteln beliefert und dafür habe ich meine Honorare erhalten. Diese Organisation heißt Al Harameen.

War Ihnen bewusst, dass der Aufenthalt in Kabul nach dem 11.9. gefährlich für Sie sein könnte?

Ich bin bis zum 11. September in Kabul geblieben und habe als Gewürzhändler und als Lieferant von Lebensmitteln für die besagte Institution gearbeitet. Selbst nach den Ereignissen von 11. September und der Drohung der USA, Kabul zu bombardieren, und obwohl die Taliban die Menschen – insbesondere die Ausländer – gewarnt hatten, dass die Amerikaner Kabul angreifen könnten, bin ich dort geblieben. Ich war immer in Kontakt mit dem zuständigen Mitarbeiter der Organisation. Er sagte mir, dass ich das Land nicht verlassen solle, denn sie hätten viel Geld bekommen, um es an die armen Afghanen zu verteilen. Was auch geschehen möge im Krieg und unter Bombardement, dies sei eine humanitäre Aufgabe: »Bleib dort, damit wir diese Aufgabe zu Ende bringen.« Ich bin tatsächlich geblieben.

Der verantwortliche Mitarbeiter dieser Organisation kam vor Ende des Ramadan 2001 nach Kabul. Ich kann mich nicht erinnern, zu welchem Datum genau. Wir fingen an, die Lebensmittel zu organisieren, und ich weiß noch, dass wir am Tag vor dem Fall Kabuls mit der Bereitstellung der benötigten Menge an Butter, die mit anderen Lebensmitteln an die Armen verteilt wurde, fertig waren.

Drei oder vier Tage vor Beginn des Ramadan bin ich abends zu ihm gegangen, damit wir die Lebensmittelkosten abrechnen konnten. Er sagte mir, dass Verantwortliche der Taliban tagsüber zu ihm gekommen seien, um ihn als Leiter der Organisation zu unterrichten, dass die Taliban sich am selben Nachmittag aus Kabul zurückziehen würden und dass sie erwarteten, dass die Abweichler bzw. die nördlichen Verbündeten, wie die Nordallianz von ihnen genannt wurde, während der Nacht oder am folgenden Morgen in die Stadt einmarschieren würden. Und das könnte für ihn als Araber ziemlich gefährlich werden.

Der Verantwortliche dieser Institution sagte mir, es sei besser, wenn ich Kabul verließe, weil Kabul möglicherweise in dieser Nacht oder am frühen Morgen fallen werde. »Das wäre auch für dich und deine Familie gefährlich.« Ich habe ihm aber erwidert, dass meine Frauen, meine Kinder und Verwandten Afghanen sind. Daher sei meine Lage ziemlich ungefährdet. Er erwiderte darauf, dass meine Lage alles andere als ungefährdet sei. »Du und ich bleiben Araber, und sie wissen nicht, ob du humanitäre oder nichthumanitäre Hilfe leistest, sie werden dich nur deshalb töten, weil du ein Araber bist. Es wäre besser, wenn du Kabul verlassen würdest.«

Seine Argumentation hat mich überzeugt. Ich habe dann beschlossen, nach Hause zu gehen und mit meiner Familie im Auto in das Grenzgebiet zu Pakistan zu fahren, um danach in Pakistan einzureisen. Das Bombardement in dieser Nacht war sehr heftig.

Die Nordallianz war also in dem Gebiet, in das Sie sich zunächst begeben wollten, nicht vertreten. Deren Truppen befanden sich auf dem Marsch Richtung Kabul, und Sie reisten in die andere Richtung nach Pakistan?

Ja, ich wollte mich Richtung Süden begeben; nach Khowst. Ich wollte in ein Gebiet, in dem die Taliban noch herrschten oder in dem die Nordallianz noch nicht Fuß gefasst hatte. Deren Leute kamen aus nördlicher Richtung, und ich fuhr Richtung Süden. Als ich in Khowst angekommen war, gab es dort keine Taliban, aber die Einwohner sympathisierten mit den Arabern oder mit denen, die dabei waren, das Land zu verlassen.

Haben Sie die Bombardements selbst noch erlebt?

Ich bin abends unter einem unvorstellbaren Bombardement der Amerikaner losgefahren. Die Bomben sind auf Häuser, Straßen und die Bewohner Kabuls gefallen. Das Bombardement in dieser Nacht ist außergewöhnlich heftig gewesen und nicht zu vergleichen mit dem Bombardement in den Tagen und Nächten davor. Kabul wurde täglich bombardiert. Ich erzähle dies als Augenzeuge der Situation in Kabul. Die Geschosse, Bomben, Raketen und Cruise-Missiles fielen niemals auf die Taliban, sondern auf die Bewohner. Sie fielen zum Beispiel auf ein Haus, wo eine siebenköpfige Familie lebte, und alle wurden getötet. Sie fielen auf Gebäude und zerstörten sie völlig.

Die Bomben fielen sogar auf die Lager des Roten Kreuzes in der Nähe des Flughafens, wo Getreide, Butter und Reis für die Armen gelagert wurden. Sie haben sie bombardiert und dem Erdboden gleich gemacht. Das Rote Kreuz wusste das. Es wurde immer die Zivilbevölkerung bombardiert. Diese Dinge habe ich mit meinen eigenen Augen gesehen.

Ich bin nach diesem Bombardement rausgegangen und habe die zerstörten Häuser, die Begräbnisse und die zerstückelten Menschen gesehen. Von einigen Toten hat es nach dem Bombardement so gut wie keine Spuren mehr gegeben. In jener Nacht habe ich mit meiner Familie Kabul verlassen, und wir haben uns auf den Weg nach Khowst gemacht. Wir konnten nichts mitnehmen außer einer Decke, mit der ich meine Kinder zugedeckt habe. Auf dem Weg ist unser Auto zweimal von den Amerikanern mit Raketen angegriffen worden. Sie haben uns beschossen, obwohl wir in einem Privatauto gefahren sind. Die erste Rakete ist neben uns eingeschlagen, und dadurch sind die Reifen geplatzt.

Ich habe dann meine Familie aus dem Auto rausgelassen und bin in umgekehrter Richtung ein Stück weit weggefahren, damit meine Familie, sollte ich noch einmal angegriffen werden, in Sicherheit wäre. Ich hatte gerade begonnen, die Reifen zu wechseln, als das Flugzeug wieder aufgetaucht ist und noch eine Rakete abgefeuert hat, die mich aber verfehlt und die Flanke des Berges getroffen hat. Ich bin also zweimal angegriffen worden.

In diesem Moment hat meine Frau, die das sah, einen Nervenzusammenbruch erlitten. Sie blieb auch noch krank, als wir nach Pakistan zurückgekehrt waren. Als ich sie nach dem ersten Raketenangriff unter einem Baum versteckt hatte, fing sie an zu weinen und zu zittern und war sehr ängstlich. Ich habe sie dann gefragt, warum sie sich so fürchte. Sie sagte, dass sie sich daran erinnerte, wie vor sechzehn Jahren ihr Haus von den Russen bombardiert wurde und ihre Schwester, ihre Mutter und ihr Vater getötet worden seien. »Und jetzt wollen auch die

Amerikaner mich bombardieren und mich und meine Kinder töten.« Sie bekam psychische Probleme. Sie litt sogar noch nach meiner Rückkehr nach Jordanien darunter.

Haben Sie Ihre Reise nach der Bombardierung fortsetzen können?

Nach dem Reifenwechsel bin ich tatsächlich mit meiner Familie nach Khowst gefahren. Dort gab es keine Taliban, und die Einwohner waren nicht feindselig gegenüber den Arabern. Auf der anderen Seite hatten sie Angst, Araber aufzunehmen oder ihnen zu helfen, denn sie sagten: »Die Flugzeuge werden uns angreifen, weil sie durch die Computer in der Lage sind, die Araber sogar im Badezimmer in unseren Häusern zu erkennen.« So blieben wir fünf Tage lang im Freien. Außer unserem Auto hatten wir keine Unterkunft zum Schlafen. Fünf Tage lang schliefen wir im Auto.

Das bedeutet: Für geraume Zeit haben Sie Menschen geholfen, doch als Sie selbst sich in einer Notlage befanden, wurde Ihnen nicht geholfen. Waren Sie gekränkt, verletzt, enttäuscht?

Natürlich ist man betroffen. Als die Russen in Afghanistan waren, haben wir unser Leben oft in Gefahr gebracht. Ich möchte nicht die Gefahren und Dinge erwähnen, die ich erlebt habe, als die Russen im Land waren. Um Medikamente, Lebensmittel, Decken und Gelder an die Witwen und Waisen zu verteilen, bin ich zehn- bis zwanzigmal in akute Lebensgefahr geraten. Ich habe für sie im Norden Schulen und Krankenhäuser gebaut. Ich bin dabei oft von den Russen angegriffen worden, und einige Male bin ich dort im Norden fast erfroren, ein- oder zweimal fast gestorben. Aber das war meine Arbeit, die auf Glaube und Prinzipien basiert. Ich habe Gott um meinen Lohn gebeten. Aber als dies wirklich geschah und sie es ablehnten, uns aufzunehmen, war ich betroffen.

Auf der anderen Seite konnte ich sie verstehen und ihr Verhalten entschuldigen. Sie waren arme, unwissende Leute, die Angst um sich selbst hatten. Sie hatten Unheil unter den Russen erlebt. Deshalb hatten sie Angst, dass die Amerikaner sie bombardieren und ihre Häuser zerstören und ihre Familien töten würden. Sie haben diesen Krieg nicht hinter sich gebracht, um nun einen nächsten Krieg zu entfachen. Deshalb konnte ich sie verstehen.

An Ihrem Plan, nach Pakistan zu gelangen, hielten Sie weiter fest?

Ja, nach den fünf Tagen trafen wir einen Mann, der Mitleid mit uns hatte. Wir wussten nicht, wie wir nach Pakistan einreisen sollten. Wir waren in einer für uns unbekannten Stadt. Dieser Mann aber hatte in Saudi-Arabien gelebt und arbeitete auch in den Vereinigten Arabischen Emiraten. Er fragte uns nach unserer Situation, und ich habe ihm die Sachlage erklärt. Er sagte: »Macht euch keine Sorgen mehr, ich werde euch in Gottes Namen helfen. Ihr seid unsere Gäste, und ich weiß, dass die Menschen hier Angst haben, euch aufzunehmen. Aber ich werde es riskieren und dir und deiner Familie helfen.« Tatsächlich nahm er uns zu sich nach Hause, um währenddessen zu überlegen, wie er uns nach Pakistan bringen könne.

Mit der gesamten Familie?

Meine zweite Frau habe ich vorher nach Pakistan geschickt, weil dort schon ihre Familie lebte, und meine erste Frau, die sieben Kinder und ich sind mit dem Mann mitgegangen. Er hat uns tatsächlich aufgenommen und war uns gegenüber großzügig. Am siebten Tag des Ramadan hat er es geschafft, meine Frau und die Kinder sicher nach Pakistan zu bringen. Ich bin bei ihm zurückgeblieben, weil er gesagt hat, dass ich das Auto habe, und ich solle erst da bleiben, bis das Auto verkauft sei. Das Geld, meinte er, werde ich für den Unterhalt meiner Familie benötigen. Am 12. Tag des Ramadan, nachdem ich das Auto verkauft hatte, bin ich in Pakistan eingereist.

Was geschah, als Sie dort in Pakistan angekommen waren?

Das Gebiet, wo wir die Grenze überquert haben, ist ein von verschiedenen Stämmen besiedeltes Gebiet. Für meine Frau und die Kinder war es einfach und normal, denn sie beherrschen die persische Sprache und Pashtu. Für mich war es sehr schwer, obwohl ich der persischen Sprache mächtig bin. In dem Gebiet waren viele Checkpoints, es gab viel Armee und Geheimdienste. Meine Einreise war schwierig, aber Gott stand mir zur Seite, und so konnte ich alle Schwierigkeiten überwinden. Ich erreichte Peshawar, wo meine Frau eine Zwei-Zimmer-Wohnung gemietet hatte, um bei meiner Ankunft eine kleine Wohnung zu haben, in der wir leben konnten.

Wo sind Sie von den Amerikanern festgenommen worden?

Die Lage in Pakistan war in dieser Zeit für die Araber und alle anderen Ausländer sehr schlecht. Die Behörden haben planlos Menschen verhaftet. Obwohl es Flüchtlinge gab, die UNO-Ausweise besaßen, sind sie verhaftet und an die Amerikaner ausgeliefert worden. Obwohl einige im Besitz eines Visums und einer offiziellen Aufenthaltsgenehmigung waren und an Schulen unterrichtet haben, sind sie verhaftet und an die Amerikaner ausgeliefert worden. Einige, die sogar in Regierungsbehörden tätig oder bei anerkannten Institutionen beschäftigt waren, sind verhaftet und an die Amerikaner ausgeliefert worden. Ich besitze einen jordanischen Reisepass, meine Frau und Kinder haben sowohl einen jordanischen als auch einen afghanischen Reisepass.

Sie müssen geahnt haben, dass es in dieser Situation keinerlei Rechtssicherheit für Sie gab.

Ich habe mich gefragt, wenn sie diese Menschen, die ein Visum, Reisepass und eine offizielle Aufenthaltsgenehmigung besitzen, verhaftet haben, was würde dann mit mir passieren? Ich habe einen jordanischen Reisepass, hatte aber kein Visum und keine Aufenthaltsgenehmigung. Sie würden mich bestimmt an die Amerikaner ausliefern.

Für mich war es sehr wichtig zu wissen, wie ich Pakistan verlassen konnte, um in meine Heimat Jordanien zurückkehren zu können. Ich habe damals von der Gaddhafi-Stiftung gehört, die libysche Familien in ihre Heimat zurückbringt und auch in der Lage ist, andere Familien in deren jeweilige Heimat zu bringen. Ich habe meine Situation einem meiner libyschen Freunde dargestellt, und er riet mir, nach Jordanien zurückzukehren, da die pakistanischen Behörden mich verhaften würden, um mich an die Amerikaner auszuliefern. Die Stiftung würde mir helfen, in meine Heimat zurückzukehren.

Ich bin also hingegangen und habe mich auch an die jordanische Botschaft gewandt, um eine Geburtsurkunde für meinen jüngsten Sohn, der in Kabul geboren wurde, zu erhalten. Ich habe dem Botschafter – er hieß Munther al-Saeed – meine Geschichte erzählt und berichtet, wie ich nach Pakistan zurückgekehrt bin. Er gab mir einen Reisepass für den Kleinen. Die Stiftung war dabei, Pläne für unsere Rückkehr nach Jordanien vorzubereiten. Am 22. Januar 2002 haben sie uns in der Stiftung mitgeteilt, dass wir für zwei Stunden zur pakistanischen Polizei gehen sollen. Diese spezielle Abteilung der Polizei wolle nur die Ausreiseformalitäten und die Reisedokumente prüfen. Danach könnten wir ausreisen. Es war eine Spezialabteilung der Polizei. Ich ging mit sieben oder acht Libyern dort hin. Aber die Sache war anders. Es handelte sich nicht um die Polizei, sondern um den militärischen Nachrichtendienst. Wir sind direkt verhaftet und vom 22. Januar bis zum 9. Februar 2002 in einer Zelle im Keller in Gewahrsam genommen worden. Jeder von uns acht befand sich in einer eigenen Zelle.

Denken Sie, dass die Gaddhafi-Stiftung nur eine Fassade für andere politische Interessen war?

Ich habe immer noch Geschäfte mit der Stiftung. Deshalb möchte ich dies nicht kommentieren. Aber ich hatte das Gefühl, dass sie es ernst meinten.

Wer hat Sie verhört?

Zuerst die Pakistani und danach die Amerikaner. In der Zeit vom 22. Januar bis zum 9. Februar wurde ich von den Pakistani und den Amerikanern verhört. Die Pakistani haben uns in dem besagten Gefängnis verhört. Die Amerikaner haben uns für das Verhör angekettet und mit verbundenen Augen in einem verdunkelten Auto an einen anderen Ort gebracht. Ich weiß nicht, ob dieser Ort die amerikanische Botschaft oder ein Spezialgebäude der amerikanischen Nachrichtendienste war. Dort traf ich einen Pakistaner, der Pashtu beherrschte. Ich habe mit ihm geredet. Sie haben uns auch in Einzelzellen gesteckt und dann einen nach dem anderen zum Verhör gebracht.

Wurden Sie dort noch einmal verhört?

Ja.

Verfolgten die Pakistani eine andere Verhörlinie als die Amerikaner?

Es war fast das Gleiche. Die Fragen waren zum Beispiel: Erzähl uns was über deine Lebensgeschichte. Warst du in Afghanistan? Warum bist du nach Pakistan gekommen? Wann bist du nach Pakistan gekommen? Warum willst du nach Jordanien zurückkehren? Wo hast du gearbeitet in dieser Zeit und als du in Afghanistan warst? Wer war dein Vorgesetzter? Es waren allgemeine Fragen. Dies war das erste Verhör, und es folgte der gemeinsamen Verhörlinie der Pakistani und der Amerikaner. Allerdings waren die Amerikaner detaillierter.

Die Pakistani haben uns nur eine halbe Stunde verhört. Die Amerikaner haben mich drei Stunden lang verhört. Als sie mich aufforderten, meinen Namen zu wiederholen, habe ich denen geantwortet: »Ich heiße Khalid Mahmoud.« Daraufhin haben sie gefragt: »Khalid Mahmoud oder Khalid Mohammed?« Ich habe geantwortet:

»Khalid Mahmoud.« Der für das Verhör Verantwortliche ging raus und holte eine Frau, die – so vermute ich – für die Terrorbekämpfung zuständig war. Ich habe oft in der Zeitung über so eine Frau in der amerikanischen Botschaft gelesen. Sie musterte mich gründlich und gab den Befehl, mich an einen anderen Ort zu bringen.

Sie schleppten mich an einen Ort ins Untergeschoss, und ich hatte das Gefühl, dass dort Geräte sind, die meine Größe und die Breite meiner Schultern und mein Gesicht messen. Ich hatte den Verdacht, dass sie vermuteten, dass ich Khalid Mohammed al-Sheekh wäre. Mein Name ist Khalid Mahmoud, und er heißt Khalid Mohammed. Sie haben die Frage, ob ich Khalid Mahmoud oder Khalid Mohammed sei, mehrmals wiederholt.

Danach sind wir wieder nach oben gegangen, und sie haben das Verhör weitergeführt. Dann haben sie uns in Räume gebracht, die voller Fotos und Bögen mit Fingerabdrücken waren. Dort haben sie eine Speichelprobe und Fingerabdrücke genommen, Fotos gemacht und uns vermessen. Als sie unsere Gesichter von den Binden befreit haben, habe ich sehen können, dass alle Amerikaner waren.

Was war der Schwerpunkt des Verhörs der Amerikaner?

Sie haben sich sehr intensiv mit den Fragen beschäftigt, ob ich Khalid Mahmoud oder Khalid Mohammed sei und warum ich im Servicebüro des Scheik Abdallah Azzam, den man als Terroristen betrachtete, gearbeitet habe und warum ich mit dessen Büro im Bereich der Lebensmittelversorgung tätig gewesen bin. Sie haben sich auf solche Fragen wie diese konzentriert: Wann hast du angefangen zu arbeiten, wie lange, wie war deine Beziehung zu Scheik

Abdallah, war sie stark oder schwach, habt ihr euch jeden Tag getroffen?

Wohin hat man Sie nach den drei Stunden gebracht?

Das Verhör dauerte allein etwa drei Stunden, und die anderen Sachen wie Fingerabdrücke, Körpermessung, Fotos dauerten zusätzlich noch etwa zwei Stunden. Also alles in allem dauerte es zwischen vier und fünf Stunden. Danach haben sie uns wieder gefesselt, die Gesichter verhüllt und uns bis zum 9. Februar wieder in das unterirdische Gefängnis gebracht.

An diesem Tag haben sie uns alle bis auf zwei Libyer freigelassen. Sie haben gesagt, dass die beiden in zwei Tagen freikommen würden, da noch einige Formalitäten, die nur die beiden betreffen, erledigt werden müssten. Ich bin dann zu meiner Familie in die Wohnung in Islamabad zurückgekehrt. Sie haben uns mitgeteilt, dass wir »sauber« wären, dass es nichts gegen uns gäbe und wir ausreisen könnten. Der Flug sollte am 13. Februar um ein Uhr morgens stattfinden. Er sollte von Islamabad über Dubai nach Tripolis in Libyen führen, dort sollte ich zwei Tage bleiben und danach nach Amman weiter fliegen.

Am Abend vorher, so gegen acht Uhr, kam ein Angestellter der Gaddhafi-Stiftung und sagte uns, dass wir zum Büro der Stiftung gehen sollten, um einige Formulare auszufüllen. Die zwei noch verhafteten Libyer sollten noch in der Nacht freigelassen werden, damit sie auch mit ausreisen könnten. Wir sind zu der Stiftung gegangen, aber dort waren keine Papiere oder Formulare. Dann kamen einige Leute des pakistanischen Nachrichtendienstes und brachten nur einen von den beiden noch verhafteten Libyern mit. Sie sagten, ich sollte sie mit noch zwei Libyern begleiten, sie wollten uns nur noch einmal zwei Stunden verhören.

Die Libyer haben das abgelehnt mit der Begründung, sie seien beim ersten Mal belogen worden. Sie sagten, schon beim letzten Mal hätten sie nur zwei Stunden verhört werden sollen, aber dann seien sie 18 oder 19 Tage verhaftet worden. »Jetzt wollt ihr wieder das Gleiche mit uns machen«, sagten sie. »Ihr lügt uns an.«

Sind Sie nicht allmählich misstrauisch geworden?

In der Stiftung sagten sie mir, dass die anderen Libyer seien und hier verhört werden könnten. »Aber du bist kein Libyer«, sagten sie, »und wir können dich hier nicht verhören. Es könnte den Ruf der Stiftung schädigen. Wie wäre es, wenn du mit den Pakistani gehst? Ich habe gesagt, dass ich nichts dagegen hätte. Wenn es wirklich nur zwei oder drei Stunden dauerte, und sie mich nicht belögen, sei ich bereit mitzugehen, denn ich wusste ja, dass ich mir nichts hatte zuschulden kommen lassen.

So bin ich mit denen gegangen, hatte aber das Gefühl, dass sie nur mich haben wollten und nicht die Libyer. Die waren wohl nur als Falle gedacht, um mich rauszulocken. Sie haben mich verhaftet, und der Flug hat ohne mich das Land verlassen. Anschließend haben sie mich wieder verhört. Ich bin mit dem noch verhafteten Libyer eine Woche im Gefängnis geblieben. Während dieser Woche haben die Amerikaner uns abermals verhört. Sie haben mich zum selben Ort transportiert und dieselben Fragen wieder gestellt. Das Verhör leiteten dieses Mal andere Vernehmer, und zwar mit Beteiligung pakistanischer Beamter. Nach drei Stunden Verhör sagte der amerikanische Vernehmer, dass er mich an einen anderen Ort schicken würde, ausgestattet mit einer Empfehlung, mich gut zu behandeln, denn ich sei ein guter Mensch. Ich wusste natürlich, dass er mich belügt. Als er gegangen war, bin ich ins Gefängnis zurückgebracht worden.

Haben Sie nach den früheren Erfahrungen mit den Verhören geglaubt, dass man es ehrlich mit Ihnen meinte?

Niemals. Ich habe gedacht, wenn der Anfang schon so ist, kann es nur noch schlimmer kommen.

Wurde Ihnen erlaubt, Ihre Familie über das, was geschieht, zu informieren?

Nein. Meine Familie erfuhr erst neun Monate nach meiner Verhaftung etwas über mich.

Nach sieben Tagen kam das pakistanische Militär und sagte zu dem noch verhafteten Libyer, dass seine Haft zu Ende sei und er nach Libyen ausreisen solle. Sie haben ihn belogen und an die Amerikaner ausgeliefert. Ich habe ihn später im Lager von Kandahar getroffen.

Zwei Tage danach haben sie das Gleiche mit mir gemacht. Sie kamen und sagten, sie brächten mich zum Flughafen, damit ich nach Jordanien ausreisen könne. Sie sagten, ich sei sauber, und sie hätten nichts gegen mich. Anschließend haben sie mich in ein anderes Gefängnis gebracht, wo schon sechs andere Gefangene gewartet haben. Dann sind wir alle gefesselt und mit verbundenen Augen zu einem Militärflughafen transportiert worden.

Dort haben wir einige Zeit auf Stühlen gesessen und gewartet. Als wir beten wollten, haben sie uns die Fesseln und Augenbinden abgenommen, und so konnten wir sehen, dass es ein Militärflughafen war. Nach dem Gebet haben sie uns wieder gefesselt und die Augen verbunden. Kurz darauf kamen andere Personen, die Englisch mit amerikanischem Akzent sprachen. Sie unterhielten sich ungefähr eine Viertelstunde mit den Pakistani. Sie haben die ganze Zeit gelacht und waren guter Laune. Ich habe es selbst gehört. Mit uns war noch ein Marokkaner, der die englische Sprache sehr gut beherrschte, denn er lebte seit siebzehn Jahren in Großbritannien. Sie sagten: »Ihr habt sieben Personen. Wir zahlen für jede Person 5000 Dollar. Hier sind 35 000 Dollar.« Wir konnten das Zählen der Geldnoten hören.

Das heißt, Sie sind von den pakistanischen Behörden an die amerikanischen Fahnder verkauft worden. Wie hat man Sie dort empfangen?

Wir wurden direkt danach in brutaler Art und Weise, geradezu in Wildwestmanier, an die Amerikaner übergeben. Sie warfen uns auf den Boden und tauschten die pakistanischen Handfesseln gegen Fesseln aus Plastik aus, die sie sehr eng schnürten. Ich leide bis heute, ja sogar bis zu diesem Moment darunter. Wegen dieser Handfesseln habe ich oft bis zum Mittag kein Gefühl mehr in meinen Fingern. Meine Arme waren, bis wir in Bagram ankamen, dick geschwollen. Ferner haben sie die Masken ausgetauscht. Zwei Soldaten mussten uns zu einem Flugzeug tragen, weil wir wegen der Fesseln nicht laufen konnten. Danach haben sie uns auf den sehr kalten Boden des Flugzeugs geworfen. Meine Maske war sehr dick, und ich habe sie wiederholt angefleht, sie weg zu tun, weil ich unter Atemnot leide. Sie sagten immer, ich solle mir keine Sorgen machen. Im Flugzeug mussten wir in einem Kreis sitzen, und sie fesselten uns alle mit Ketten aus Metall zusammen.

Hat Ihnen jemand mitgeteilt, wohin Sie gebracht werden?

Nein, zu keiner Zeit. Sie sagten uns, wir sollten unsere Köpfe so nach unten beugen – die ganze Strecke für zweieinhalb Stunden. Wenn einer von uns seinen Kopf bewegte, bekam er Faustschläge auf den Rücken, auf den Kopf und ins Gesicht. Bei uns war ein Mann aus Turkmenistan. Wir haben später gesehen, dass sein Auge geschwollen war; darauf haben sie ihm geschlagen. Einer war neben mir, den ich später als einen 17-Jährigen Saudi kennen gelernt habe. Er klagte über Schmerzen und Angst, zitterte und weinte.

Haben sich die Gefangenen miteinander unterhalten?

Niemals. Wenn einer nur seinen Kopf bewegte, wurde er geschlagen. Das Ganze dauerte zweieinhalb Stunden, bis wir in Bagram landeten. Als wir dort im Flughafen ankamen, wurden wir von einer Gruppe von Soldaten empfangen, die Messer und Scheren hatten und in Begleitung von Hunden waren. Die Ketten, mit denen sie uns alle zusammengebunden hatten, wurden geöffnet; unsere Fesseln aber nicht. So haben sie uns dann einzeln getragen, sind mit uns aus dem Flugzeug gelaufen und haben uns draußen auf die Erde geschmissen. Die Hunde standen mit weit geöffneten Mäulern über unseren Köpfen. Dann kamen die Soldaten und schnitten uns die Kleider vom Körper, bis wir ganz nackt waren.

Das war am 22. Februar in Bagram. Es war eisig, es war ein Uhr nachts oder Mitternacht, ich weiß es nicht genau.

Sie haben uns nackt mit einem Seil gebunden und uns an einen Ort gebracht, welcher zwei Kilometer vom Flughafen entfernt war. Dort mussten alle auf dem Boden sitzen und warten. Sie haben dann immer nur einen von uns weggebracht. Ich war der Letzte. Es dauerte ungefähr dreieinhalb Stunden, bis ich an der Reihe war.

Sind Sie währenddessen gefilmt oder fotografiert worden?

Das weiß ich nicht, und ich persönlich habe keine Kamerageräusche gehört. Aber es könnte sein. Denn als wir da waren, gab es ein Gerücht, dass Silvester Stallone hier gerade seinen nächsten *Rambo* drehen wollte. Das war ein Gerücht, gesehen habe ich nichts. Als sie mich wegführten, brachten sie mich in einen Raum, in dem maskierte Militärs in einem Kreis standen. Sie nahmen meine Maske und die Fesseln ab, und ich konnte fast nur ihre Augen sehen. Sie hatten schwere Holzstöcke bei sich. Das Licht war nur auf die Mitte des Raumes gerichtet. Es waren noch zwei in zivil gekleidete Personen da, die ihre Pistolen auf mich gerichtet hatten. Ich nehme an, sie waren vom FBI.

Ich habe die ganze Zeit gezittert, nicht aus Angst, sondern weil es sehr kalt war. Dann kam ein Amerikaner, der Arabisch sprechen konnte. Er trat sehr nah an mich heran und fragte leise, ob ich Al Qaida sei. Ich habe »nein« gesagt. Er antwortete, dies sei sehr gut, und fragte mich weiter im gleichen Ton, ob ich Taliban sei. Ich habe erwidert: »Nein, ich bin kein Taliban.« Er sagte: »Okay, ich werde dir helfen.« Dann ging er weg.

Sie haben mich untersucht und gefragt, ob ich ein Muttermal, besondere Merkmale, eine Narbe oder Schusswunde hätte. Danach haben sie mir Kleider gegeben, meine Hände wieder gefesselt und mich zu einer Art Gehege mit hölzernem Boden gebracht. Das war mit einem Stacheldraht umgeben, und darin befand sich nur ein Eimer für die Exkremente. Das waren vier offene Pferche mit zwei Etagen. Oben waren Soldaten, und unten waren wir. Wir blieben dort neunzehn oder zwanzig Tage, die ganze Zeit gefesselt.

Wurden Sie in dieser Zeit verhört?

Ja. Ich wurde drei- bis viermal von den Amerikanern verhört. Die Briten haben mich zweimal verhört. Ein Brite hieß George. Er sagte, er käme aus London. Nach zwei Tagen kam einer, der Martin hieß. Er schlug mir vor, als Kollaborateur für sie zu arbeiten. Er fragte mich: »Wenn wir dich freilassen, würdest du für uns und für die Amerikaner als Spion arbeiten?« Ich habe ihm natürlich erwidert: »Wenn ihr mich freilasst, bin ich trotzdem nicht bereit, für euch zu arbeiten.«

Nach neunzehn oder zwanzig Tagen haben sie uns nach Kandahar gebracht. Sie machten das bei dem Transport im gleichen brutalen Stil, sowohl im Flugzeug als auch auf dem Boden. Sie schnitten uns die Kleider durch, und wir waren stundenlang nackt. Sie haben uns untersucht, Speichelproben genommen, uns fotografiert und unsere Fingerabdrücke genommen. Dort sind unsere Köpfe kahlgeschoren und unsere Bärte abrasiert worden. Sie haben vor und nach der Rasur Fotos von uns gemacht. Diese Maßnahmen dauerten die ganze Nacht. Wir zitterten vor Kälte.

Es wurde hell, und wir waren immer noch nackt. Sie haben versucht, diese Stresssituation zu ihren Gunsten auszunutzen, und uns immer wieder verhört. Sie stellten uns Fragen wie zum Beispiel: »Welche Beziehung hast du zu Mullah Omar*? Welche Beziehung hast du zu Osama Bin Laden? Bist du Al Qaida? Hast du Osama gesehen?« Und so weiter. Sie wollten uns mit diesen Fragen überrumpeln.

Ist das Abrasieren der Bärte für Sie eine religiöse Beleidigung?

Natürlich. Sie haben uns in Kandahar jede Woche rasiert. Wir haben sie gefragt, warum sie uns die Kopfhaare und Bärte rasieren, aber keine Rasierapparate verteilen, damit wir uns an den Stellen rasieren, die uns Gott zu rasieren befohlen hat – also die Schamhaare. Sie lehnten ab, mit der Begründung, dass dieser Bereich im Gegensatz zu Kopf und Gesicht schmutzig sei.

In Kandahar waren es sechzehn offene Pferche, in denen wir den Staubstürmen, dem Regen und der Kälte ausgesetzt waren. Wir durften Wasser nur zum Trinken benutzen. Es war eine erbärmliche Situation, die drei Monate dauerte.

Wie stand es um Ihre medizinische Situation, wie um die Hygiene?

Unsere Hautfarbe hat sich verändert, und wir haben Hautkrankheiten bekommen. Wir durften uns bis auf zweimal nicht waschen. Sie haben uns in Gruppen von

*Mullah Omar war bis zum November 2001 Anführer der Taliban, die er 1994 gegründet hatte, und als »Führer der Gläubigen« faktisch der Staatschef Afghanistans. Seit dem Sturz seines Regimes ist er spurlos verschwunden – trotz aller Geheimdienstermittlungen der USA, die ihm vorwerfen, Osama Bin Laden unterstützt zu haben.

jeweils zehn Personen zu einem offenen Ort außerhalb des Lagers gebracht, der ungefähr fünf Minuten Fußmarsch entfernt lag. Jeweils zwei von uns sollten sich zusammen waschen. Es lief so, dass die beiden Personen einen Eimer mit dem Inhalt von nur ungefähr drei Schöpfkellen bekamen. Wir hatten fünf Minuten Zeit, uns auszuziehen, zu waschen und wieder anzuziehen. Es war so wenig Wasser, dass man nicht wusste, was man überhaupt waschen sollte, den Kopf, den Körper oder das Gesicht. Nur drei Schöpfkellen Wasser! Wir sollten uns nackt ausziehen. Wir fragten, warum wir uns ausziehen müssten, und sie erwiderten, dass das Vorschrift sei. Wir haben dann gesagt, wir wollten uns nicht waschen. Sie aber bestanden darauf. Sie haben uns alle zehn Personen nackt ausgezogen. Für uns war das eine religiöse Beleidigung.

Waren die Bewacher nur Amerikaner und Briten?

Die Bewacher waren Amerikaner, aber es kamen immer auch englische, französische, deutsche und belgische Soldaten aus den alliierten Staaten. Die Flaggen der verschiedenen Allianzländer hingen im Flughafen. Sie kamen und sahen uns und unsere Situation.

Während dieser Zeit sind wir oft beleidigt und erniedrigt worden, sie haben uns beschimpft und in brutaler und schmutziger Weise durchsucht. Sie haben den Koran geschändet, sie haben ihn auf den Boden geworfen, sodass die Blätter sich im Lager überall verstreuten. Wir konnten nichts machen. Sie haben den Koran in den Eimer für die Exkremente geworfen. Ich habe das alles mit meinen eigenen Augen gesehen.

Die Amerikaner behaupten in allen Interviews, sie hätten das nie gemacht.

Ich habe es doch mit eigenen Augen gesehen; ich brauche niemanden, der mir so etwas erzählt. Ich habe gesehen, wie sie den Koran in den Eimer für die Exkremente geworfen und wie sie ihn mit den Füßen getreten haben, bis die Blätter überall herumlagen. Ich habe das selbst gesehen.

Könnte es ein, dass Soldaten anderer Nationen, zum Beispiel Deutsche, Engländer oder andere, die das Lager besuchten, das beobachtet haben?

Was mit dem Koran geschehen ist, haben die Besucher nicht gesehen, denn dies geschah im Lager, wenn keine Besucher da waren. Aber unsere Situation und die Umstände, unter denen wir gefangen gehalten wurden, haben sie gesehen. Stellen Sie sich vor, dass wir zum Mittag nur eine Scheibe Brot und eine Flasche Wasser bekamen. Zum Frühstück bekamen wir nur Kekse, die man Babys gibt. Zum Abend bekamen wir eine kleine Mahlzeit, die manchmal aus Gemüse, Hühnerfleisch oder Rindfleisch bestand; eine kleine Mahlzeit. Diese Umstände und die Behandlung waren allen bekannt. Auch das Rote Kreuz wusste davon.

Sind Sie vom medizinischen Personal besser behandelt worden?

Das Verhalten des Arztes uns gegenüber war extrem schlecht. Wenn man sich wegen Kopfschmerzen, Bauchschmerzen oder Hautkrankheiten beschwerte, sagte er:

»Trink Wasser.« In der ganzen Zeit in Kandahar bekam ich niemals Medizin. Mein Körper war übersät mit Ausschlag, und der Arzt sagte: »Trink Wasser.«

Er selbst war ein Schlächter. Er sollte uns eigentlich, obwohl er dem Militär angehörte, menschlich behandeln, aber er behandelte uns brutal. Unter uns Gefangenen gab es einen, dem seine Finger wegen Erfrierung abgefallen waren. Der Arzt sagte, er solle Socken anziehen. Er gab ihm keine Medikamente. Der Gefangene lehnte ab und sagte, wenn er Socken anziehe, würden seine Organe faulen und stinken. Darauf kam der Arzt in Begleitung von Soldaten zu ihm. Die Soldaten hoben ihn hoch, warfen ihn nach draußen auf die Erde und zogen ihm mit Gewalt Socken an. So war der Arzt.

Später, als der Gefangene aus Guantánamo freigelassen wurde, sind ihm seine Hände und Füße amputiert worden. Er litt sehr darunter. Sogar die Ratten kamen nachts und fraßen von seinen Fingern. In Kandahar sind viele schlimme Sachen passiert.

Der Taliban-Botschafter in Pakistan, Abdulsalam Daeef, war unser Imam beim Gebet. Sie kamen oft und wollten uns durchsuchen, während wie beteten. Wir haben ihnen gesagt, dass wir beten, aber sie schrien uns an: »Aufstehen, aufstehen!« Es gab oft harte Strafen wie zum Beispiel die Gefangenen für eine halbe Stunde in der Sonne sitzen zu lassen; viele haben dabei das Bewusstsein verloren. Dann sind sie mit Wasser begossen worden und haben erneut in der Sonne sitzen müssen, denn die Bewacher waren der Meinung, dass die Gefangenen ihre Bewusstlosigkeit nur vortäuschen wollten.

Viele sind in Kandahar am ganzen Körper verprügelt worden. Die Strafen sind verhängt worden, weil es dort verboten war, dass mehr als drei Leute miteinander redeten. Wenn einer mit mehreren anderen sprach und sie dies bemerkten, wurde er bestraft. Wegen der heißen Sonne haben manche das zum Trinken zur Verfügung gestellte Wasser benutzt, um sich das Gesicht zu waschen. Wenn das jemandem auffiel, wurde man bestraft. Wenn ich einem Gefangenen, der vielleicht krank war, von meinem Essen gab, wurde ich bestraft.

Wie lange blieben Sie in Kandahar?

Ich blieb dort bis zum 13. Juni 2002.

Haben Sie das Bombardement der Bergregionen Afghanistans gehört?

Ja. Sowohl in Bagram als auch in Kandahar. Die Flugzeuge waren immer in Bewegung; sie landeten und starteten die ganze Zeit.

Wenn die Beamten jemanden zum Verhör mitnehmen wollten, kamen vier Soldaten und befahlen den Gefangenen, sich bis zum anderen Ende des Käfigs zu entfernen und sich umzudrehen, wo hinter dem Stacheldraht andere Soldaten standen, die ihre Maschinengewehre auf die Gefangenen gerichtet hielten. Der ausgesuchte Gefangene musste sich am anderen Ende neben den Eingang auf den steinigen Boden legen, und zwei Soldaten sprangen hoch und landeten auf seinem Rücken. Sie banden dann seine Hände hinter dem Rücken zusammen, hoben ihn hoch und steckten seinen Kopf in einen Sack. Die zwei Soldaten stecken ihre Arme durch die nach hinten gebogenen und gekrümmten Arme des Gefangenen und zwangen ihn, den Rücken zu beugen. Sie trugen ihn hoch und gingen mit ihm fast zweihundert Meter zum Verhör.

Wenn einer jammerte, bekam er Schläge.

Können Sie erzählen, wie Sie von Kandahar nach Guantánamo gebracht wurden?

Am 13. Juni um etwa 10.30 Uhr vormittags haben sie mich und ein paar andere aufgerufen, mich aus der Zelle geführt, gefesselt und maskiert. Wir mussten nur mit kurzer Hose und T-Shirt bekleidet auf dem steinigen Boden knien. Dann haben sie die Gruppe, die sie mitnehmen wollten, mit einem Seil zusammengebunden und sind mit uns zum Flughafen marschiert.

Unsere Gruppe bestand aus etwa fünfzehn Personen. Sie haben uns zu einem Zelt gebracht. Dort mussten wir die orangefarbenen Anzüge überstreifen und sind wieder gefesselt worden. Sie haben unsere Augen mit Taucherbrillen, die schwarze Gläser hatten, unsere Münder mit Masken und unsere Ohren mit Kopfhörern bedeckt.

Die orangefarbenen Overalls sind in den USA für Leute bestimmt, die zum Tode verurteilt sind. Hatten Sie eine solche Assoziation?

Nein, ich wusste nicht, was die Farben für die Amerikaner bedeuten. Dies war das erste Mal, dass ich eine solche Erfahrung machte.

Haben Sie in dieser Zeit geglaubt, dass Sie all das überleben würden?

Nein. Aufgrund der Umstände in Bagram und Kandahar war ich überzeugt, dass ich meine Frau und Kinder nie wieder sehen würde. Ich dachte, dass ich mein Leben im

Gefängnis verbringen werde, bis ich sterbe. Sie haben uns immer gesagt, dass dies das Leben sei, das wir verdienen. Die Tiere seien besser als wir.

Woher hatten Sie die Stärke, das alles zu überleben, obwohl Sie nicht daran geglaubt haben, es zu überleben?

Natürlich der Glaube an Gott, den Allmächtigen. Das, was ich erfahre, ist mir schon vorgeschrieben, bevor ich geboren bin. Ich werde aushalten.

Haben Sie erwartet, dass die internationale Gemeinschaft auf Ihren Fall reagieren würde?

Nein. Ich konnte mir vorstellen, dass die ganze Welt einverstanden war mit dem, was uns passierte. Dieser Glaube verstärkte sich bei mir besonders, nachdem die Briten mich verhört hatten und uns Soldaten verschiedener Nationen im Lager gesehen hatten. Als wir die Flaggen der verschiedenen Nationen im Flughafen gesehen hatten, glaubten wir, dass die ganze Welt mit unserer Situation einverstanden sei.

Wir blieben im Flughafen so gefesselt bis nach dem Abendgebet, das heißt bis gegen 21.30 Uhr. Danach brachten sie uns zum Flugzeug, ließen uns auf den Sitzen Platz nehmen und banden unsere Beine an den Boden des Flugzeuges, unsere Hände und Füße blieben gefesselt. Ferner banden sie unsere Körper an die Sitze. Wir flogen einige Zeit und landeten in einem Flughafen, wo wir in ein anderes Flugzeug gebracht wurden. Ich glaube, der Flughafen war in der Türkei. Dann sind wir bis Guantánamo geflogen und dort am 13. Juni 2002 in der Mittagszeit angekommen.

Hatten Sie aufgrund der Landschaft und des Klimas überhaupt eine Idee, wo Sie sich befanden?

Ja. Bevor wir von Kandahar abgeflogen sind, haben die Soldaten als Trophäen Erinnerungsfotos von uns gemacht, über uns gelacht und gesungen, dass wir nach Guantánamo kommen würden.

Wussten Sie, wo Guantánamo liegt?

Nein. Ich habe erst, als ich dort war, erfahren, dass Guantánamo in Kuba ist. Als wir ankamen, wurden wir in der gleichen Art und Weise empfangen wie in Kandahar. Wir wurden geschlagen, beschimpft und danach mit einem Minibus zum Gefangenenlager neben dem Krankenhaus transportiert. Sie warfen uns auf die Erde. Sie brachten uns dann einzeln, einen nach dem anderen, zum Krankenhaus. Der letzte war ungefähr zur Zeit des Abendgebets um 21 Uhr an der Reihe. Im Krankenhaus untersuchten sie uns und gaben jedem von uns sechs Tabletten, die wir schlucken mussten. Danach wurden wir zum Verhör gebracht. Während dieser Zeit bekamen wir einen Apfel und zwei Toastbrote, die mit Erdnussbutter bestrichen waren. Viele wollten aufgrund der Müdigkeit und des Fluges nichts essen.

Hat jeder Tabletten bekommen?

Ja. Direkt nach der Untersuchung mussten wir zum Verhör. Wir durften uns nicht ausruhen oder schlafen. Ich selbst wurde dreieinhalb Stunden verhört.

Hatte das Verhör eine andere Qualität im Vergleich mit denen zuvor?

Natürlich. Als wir ankamen, wurden wir untersucht, bekamen andere Kleidung und mussten alle sechs Tabletten einnehmen. Dies haben alle Mitgefangenen bestätigt. Danach bekamen wir so eine Art Halluzination, einen Schwindel und ein Gefühl der Desorientiertheit. Diese Tabletten waren keine Medizin, das war etwas anderes.

Sie nutzten unsere Müdigkeit, den langen Flug und die Angst aus. Sie führten uns direkt zum Verhör. Man hatte das Gefühl, dass die Verhörgruppe aus verschiedenen Behörden bestand: FBI, CIA, Verteidigungsministerium. Man hatte das Gefühl, dass es sehr wichtig für sie war. Die erste Frage lautete: »Was ist deine Aufgabe und Position bei den Taliban?« Ich habe geantwortet: »Ich gehöre nicht zu den Taliban. Ich bin Gewürzhändler.« Sie fragten: »Was heißt Gewürzhändler?« Ich sagte: »Ich verkaufe Kräuter und Honig.« Dann sagten sie: »Wusstest du nicht, dass Honig die Haupteinnahmequelle von Al Qaida ist?« Ich erwiderte: »Was habe ich mit Al Qaida zu tun? Da ich ein Gewürzhändler bin, handele ich auch mit Honig. Ich verkaufe ein halbes oder ein Kilo Honig; Al Qaida kann von meinem Verkauf nicht profitieren. Ich kann ja meine Familie dadurch kaum ernähren. Ich habe keine anderen Einnahmequellen.«

Nach dieser Antwort ist der Mann vom Verteidigungsministerium, der in der Ecke saß, aufgestanden und hat den Raum verlassen. Der Mann vom FBI hat daraufhin gesagt: »Du hast einen Posten bei den Taliban, und mit dem Honighandel unterhältst du eine Verbindung zu Al Qaida.«

Auch er verließ wütend den Raum. Zurück blieben nur der Militärermittler und der Dolmetscher. Der FBI-Beamte kam aber während des Verhörs wieder hinein.

Glauben Sie, dass den Beamten der Unterschied zwischen den Taliban und Al Qaida bekannt war?

Doch, sie unterschieden zwischen den beiden. Die Afghanen, auch wenn sie Taliban waren, hatten eher die Möglichkeit, aus dem Internierungslager freigelassen zu werden. So haben wir es empfunden. Auch die Pakistani hatten wohl eine bessere Chance, freigelassen zu werden. Viele Pakistani haben beim Verhör zugegeben, dass sie nach Afghanistan gekommen waren, um zusammen mit den Taliban die Amerikaner zu bekämpfen und zu töten, trotzdem sind sie freigelassen worden.

Aber für die Araber war es etwas anderes. Wir haben alle in Guantánamo das Gefühl gehabt, dass sie sich nur für die Araber interessierten. Die Situation der Araber war nicht zu vergleichen mit der Situation der Afghanen, Pakistani oder Europäer. Alle Europäer sind freigelassen worden, alle Pakistani außer einem sind freigelassen worden, mehr als die Hälfte der Afghanen ist freigelassen worden, und sie haben versprochen, dass der Rest im Laufe dieses Jahres freigelassen werden sollte. Die Zahl der Araber in Guantánamo aber war größer als die der anderen Gefangenen. Prozentual wurden jedoch im Vergleich wesentlich weniger Araber freigelassen; lediglich fünf oder sechs Prozent der Araber, gegen die es keine Beweise gab, wurden entlassen. Von den 55 Pakistani blieb nur einer in Gefangenschaft.

Khalids Rechtsanwalt Samih Kreiss: Wie ich aufgrund

der Akten weiß, gibt es jetzt in Guantánamo 550 Gefangene, die Mehrheit sind Araber, 126 Saudis, 180 Jemeniten, 46 Algerier und andere aus Syrien, Palästina, Tunesien, Jordanien. Als Beispiel möchte ich erwähnen, dass nur drei Jordanier freigelassen wurden. Diese drei sind in einer Zeitspanne von 19 Monaten einzeln freigelassen worden.

An einem Tag haben sie 38 Pakistani freigelassen.

Hatten Sie den Eindruck, dass Ihre Dolmetscher gut waren?

In Guantánamo hatten wir sehr schlechte Dolmetscher, die das Gesagte oft falsch wiedergaben. In vielen Fällen haben Gefangene, die Englisch beherrschten, sich widersetzt und gesagt, dass sie das so nicht gesagt hätten, sondern so und so ...

Die meisten Übersetzer waren Amerikaner, und zwar nichtarabische Amerikaner. Die hatten gerade mal einen sechsmonatigen Kurs belegt. Die Frage ist, ob diese Leute in der Lage waren, ein Verhör genau und richtig zu übersetzen. Unmöglich.

Ich gebe ein Beispiel: In einem meiner Verhöre war ein Amerikaner als Dolmetscher tätig. Der Vernehmer fragte, was mein Vater von Beruf sei. Ich antwortete: »Metzger. Er verkauft Fleisch.« Der Dolmetscher fragte: »Was meinen Sie damit, dass er Fleisch verkauft?« Ich erklärte ihm, dass mein Vater Schafe schlachtet und das Fleisch verkauft. Da sagte der Dolmetscher, dass er verstanden habe, und gab dann weiter, mein Vater sei ein Schlächter, der Menschen töte. Ich habe seine Übersetzung verstanden und gesagt, dass das falsch sei; mein Vater schlachte Schafe und Kühe und nicht Menschen. Der Ermittler war sauer auf den Dolmetscher und bewarf ihn mit einem Stück Papier.

Es scheint, dass sie niemals die Wahrheit wissen wollten, egal wie sie die Wahrheit definierten.

Es war eine Art Experimentierfeld. Es gab Beamte des Verteidigungsministeriums, die Arabisch lernten. Sie kamen und übten und gaben die Tatsachen falsch weiter. Was die Vernehmungsbeamten betrifft, so kam jeden Tag ein anderer und sagte, dass er der Neue sei. Man war für ihn ein Versuchskaninchen, er saß mit dir drei Stunden, machte dich müde und nervte dich. Es war eine Versuchsanstalt.

Was geschah, nachdem die Untersuchung im Krankenhaus und das erste Verhör vorbei waren?

Sie brachten mich in die Zelle. Die Zelle war zwei mal zwei Meter breit. Darin befanden sich eine offene Toilette, eine dünne Matratze ohne Kopfkissen, ein Bettlaken, eine Wolldecke und ein Handtuch. Die Zelle bestand aus Eisenträgern und Metallgittern. Sie sagten mir, wenn man dort sechs oder sieben Monate lang leben würde, stürbe man an Bewegungsmangel und wegen des Drecks. Man konnte durch die Gitter seine Nachbarn sehen. Später fingen sie an, kleinmaschige Gitter zu installieren, damit die Gefangenen sich nicht sehen konnten. Die Zellen waren in Containern, in jedem Container gab es sechs Zellen. In meinem unmittelbaren Umfeld waren es acht Container mit 48 Zellen.

Hatten Sie zum Gebet einen Gebetsteppich oder ein Stück Textil?

Nein. Unser Problem war, dass die Toilette offen stand. Wenn wir unsere Bedürfnisse erledigen wollten, haben wir die Bettlaken aufgehängt, damit wir uns nicht auf dem Präsentierteller zeigen mussten. Die Bewacher schrien uns an, wir sollten die Bettlaken abhängen! Nach einiger Zeit erlaubten sie uns, die Matratze hinzustellen, wenn wir die Toilette benutzen wollten. Am Anfang entbrannte jeden Tag ein Streit mit den Soldaten wegen der Toilette.

Gab es unter den Gefangenen Kommunikation?

Ja. Aber nur mit den Mitgefangenen im Container.

Was für Nachrichten haben Sie untereinander ausgetauscht?

Allgemeine Sachen. Man hat sich gegenseitig gegrüßt. Wenn einer beim Verhör war, haben wir ihn gefragt, ob er gefoltert, geschlagen usw. worden sei.

Gab es Freundschaften zwischen den Gefangenen?

Ja. Ich habe andere kennen gelernt. Wir haben uns gegenseitig getröstet und anderen geholfen, Geduld zu haben.

Führten die Bewacher Hunde mit sich?

Immer. In dem Lagerbereich, in dem unsere Container standen, gab es einen Korridor zwischen den Zellen, dort marschierten die Soldaten immer mit Hunden durch. Einmal schlief ein Gefangener und hatte im Schlaf seinen Finger durch die Gitter gesteckt. Als der Hund vorbeilief, biss er den Finger fast ab. Seitdem durften Hunde nicht mit in die Container kommen.

Wie reagierte das Wachpersonal auf Ihre Bitten und Forderungen?

Wenn ein Gefangener Forderungen stellte, entbrannte immer Streit mit den Soldaten. Die brachten dann gleich ihre Hunde mit. Die Soldaten sprühten zuerst Tränengas oder Pfefferspray und ließen dann einen Hund in die Zelle. Der Gefangene versuchte sich über dem Bett in Sicherheit zu bringen, aber der Hund griff ihn sogar dort an, biss ihn und zerrte ihn nach unten auf den Boden. Erst dann kamen die Soldaten rein und griffen den Gefangenen brutal an. Obwohl er schon aufgegeben hatte, ließen sie ihn nicht los, bis sie ihm einen Knochen gebrochen hatten. Sie fassten seinen Arm mit brutaler Gewalt. Der Gefangene schrie: »Es reicht, ich tue nichts mehr.« Sie erwiderten: »Nein, wir werden dir trotzdem etwas antun.«

Es gab einen Mann aus Bosnien; sie haben ihm einmal die rechte Hand gebrochen und beim zweiten Mal die linke Hand. Einer hieß Seddeeq und stammte aus Turkmenistan; sie packten seine beiden Beine und verdrehten sie in Richtung Rücken. Viele Gefangene bekamen Muskelrisse. Ich selbst spüre diesen Finger hier nicht mehr und kann ihn nicht wie andere Finger gebrauchen. Es gab einen Mann aus Nordafrika, ich weiß nicht mehr aus welchem Land; sie schlugen ihm auf ein Auge und er verlor dieses Auge.

Gab es unterschiedlichen »Komfort« im Lager, wenn man überhaupt von »Komfort« reden kann?

Ja. Da gab es das Camp 5, das war das schlimmste.* Die Amerikaner behaupteten, dass die Insassen dieses Camps entweder Taliban, Al Qaida-Mitglieder oder Gefangene seien, gegen die ernste Anschuldigung bestünden.

Das Camp 5 ist ein geschlossenes Gebäude. Man kann die Gefangenen in ihren Zellen nicht sehen. Die Zellen sind stark klimatisiert und sehr kalt. Wenn sie einen bestrafen wollen, nehmen sie die ganzen Möbel heraus und stecken einen nur mit Shorts bekleidet für ein oder zwei Monate in strikte Isolation. Es gab einen Gefangenen, den man über ein Jahr lang auf diese Weise eingesperrt hatte. Während dieser Zeit sah er niemanden. Sie haben ihn nach sechs Monaten rausgenommen, um ihn zu waschen. Er hat auch dabei niemanden gesehen. Nach weiteren sechs Monaten haben sie ihn noch mal rausgenommen, um ihn zu waschen. Erst dann hat er

*Khalid beschreibt das Lager, so gut er es überblicken konnte, aber seine Erinnerungen weichen in einigen Punkten von den verfügbaren Informationen über Guantánamo ab. Am Anfang gab es nur das Camp X-Ray; das war das Lager mit seinen offenen Käfigen, von dem aus die erschütternden Bilder um die Welt gingen. Aus Image- und Kapazitätsgründen wurde Camp X-Ray im Mai 2002 geschlossen und, etwa fünf Meilen entfernt, durch ein größeres Lager ersetzt: Camp Delta. Dieses neue Lager setzt sich aus sieben Camps unterschiedlicher Bauweise und mit unterschiedlichen Haftbedingungen zusammen: Camp 1 bis 5, Echo und Iguna. Camp 3 etwa ist ein absoluter Hochsicherheitstrakt, Camp 2 bringt für Häftlinge mit »minimaler Kooperationsbereitschaft« einige Vergünstigungen mit sich, Camp 3 »additional privileges« für weiteres Wohlverhalten. Camp 4 ist das im Vorwort angesprochene »fattening camp«. Und Camp 5, erst im Mai 2004 nachträglich fertiggestellt, ist ein mehrflügeliger Stahlbetonbau mit Einzelzellen für etwa 100 Gefangene.

andere Mitgefangene getroffen und ihnen von seiner Situation erzählt. Er ist immer noch dort.

Haben Sie viele Menschen im Lager getroffen, die gebrochen waren, weil sie die physische und psychologische Gewalt nicht aushalten konnten?

Ich möchte zuerst noch hinzufügen, dass das Licht in Camp 5 extrem hell war, sodass die Augen der Gefangenen dort geschädigt wurden.

Es gab ein Lager mit dem Namen Camp X-Ray. Das war auch für die Einzelhaft bestimmt. Der Insasse konnte die Außenwelt nicht sehen. Dorthin hat man manche Gefangene gebracht, um sie zu bestrafen. Und dort trafen die Gefangenen auch ihre Anwälte. Ein Teil von Camp X-Ray ist nur für die Einzelhaft bestimmt. Dort werden Gefangene drei bis vier Monate eingesperrt. Die Zellen dort sind stark klimatisiert.

Es gab auch das Camp 1. Dort gab es zwei Sektoren, die Romeo und Kuba hießen. Diese waren für Bestrafungen bestimmt. Die Gefangenen bekamen dort manchmal nur ein Handtuch oder eine Decke und waren in der Regel nur mit einer kurzen Hose bekleidet. Manchmal bekamen sie nicht einmal eine Decke. Sie wurden oft für einen Tag oder für eine Woche eingesperrt. Es gab dort immer Zusammenstöße mit den Soldaten. Im Camp 1 gibt es einen Trakt für Verhöre. Das Camp 2 war nach Klassen eingeteilt, also erste bis vierte Klasse. In der ersten Klasse waren zum Beispiel Gefangene mit zwei Handtüchern, zwei Decken usw. ausgestattet, in der zweiten Klasse nur mit einem usw.

In die erste Klasse kamen nur die so genannten Kollaborateure?

Man sagt, dass nur diejenigen, die mit dem Militär zusammenarbeiteten, dorthin kamen. Aber das ist nicht wahr. Es gab Gefangene, die während des Verhörs überhaupt nichts sagten, trotzdem waren sie in der ersten Klasse, vielleicht, damit sie von den anderen Gefangenen der Kollaboration verdächtigt werden sollten. Ein anderer, der im Verhör mit den Ermittlern zusammenarbeitete und keine Probleme verursachte, kam in die zweite oder vierte Klasse.

Konnten Sie einen Unterschied zwischen den Ermittlern oder sogar den Bewachern feststellen? Gab es unter ihnen menschlichere?

Es ging, was die Ermittler oder Bewacher betrifft, nicht um Menschlichkeit oder ob einer menschlicher als der andere war. Nein. Ich hatte den Eindruck, dass das Ganze in jedem Fall eine geplante amerikanische Politik war. So erhielten zum Beispiel die Soldaten in der Schicht von sechs Uhr abends bis Mitternacht Anweisungen, streng zu sein und die Gefangenen zu provozieren. Im Vergleich dazu war die Behandlung der Morgenschicht total anders. Die waren sehr hilfsbereit, nett und warmherzig und sagten uns, dass sie unsere Forderungen erfüllen würden. Das alles war geplant.

Mit den Vernehmern war es genauso. Es hing immer von ihrer Position in der Hierarchie ab. Beim Verhör gab es Beobachter, die hinter schwarzem Glas saßen. Sie konnten uns sehen, aber wir sie nicht. Vielleicht saßen sie da, um die Erfahrung und das Können des Ermittlers zu beurteilen oder um die Psyche des Gefangenen zu studieren. Vielleicht waren es Psychologen. Manchmal brachten sie einen männlichen Vernehmer und manchmal einen weiblichen. Die Behandlung war unterschiedlich.

Einige Gefangene mussten Geschlechtsverkehr mit Frauen, die man ins Lager gebracht hatte, vollziehen. Einige Gefangene wurden entkleidet und ein Jahr lang mit einer Hand an die Zellendecke gebunden. Dies geschah nicht in unserem Lager. Nach einem Jahr wurde einer dieser Gefangenen zu uns zurückgebracht. Das war Mohammed al-Kahtani. Sie haben ihm gesagt, er sei der 20. der Attentäter vom 11. September*. Er ist Amerikaner, sie brachten ihn aus den USA.

Wurden die weiblichen Wachen auch in anderer Art und Weise gegen die Gefangenen eingesetzt?

Ja. Obwohl sie wussten, dass es in unserer Religion verboten ist, die Frauen anzuschauen, versuchten manche Bewacherinnen immer wieder, unsere Aufmerksamkeit auf sich zu ziehen, indem sie Witze machten, lachten und manchmal das T-Shirt auszogen. Dieses Verhalten führte oft zu Zusammenstößen mit den Soldaten, weil das Verhalten der Soldatinnen unseren Glauben und unsere Gefühle verletzte. Gefangene wurden bestraft, wenn sie protestierten und die Frau aufforderten, ihr T-Shirt wieder anzuziehen.

*Die Ermittlungsbehörden in den USA sind davon überzeugt, dass zusätzlich zu den 19 »Selbstmordattentätern« des 11.9. noch ein 20. hätte die Maschine besteigen sollen, die dann in Pennsylvania abstürzte. Als Verdächtige gelten wahlweise der (vorher festgenommene) Franzose Zacarias Moussaoui oder (der vorher an der Einreise gehinderte) Mohammed al-Kahtani. Al-Kahtani ist angeblich in Afghanistan von US-Soldaten festgenommen worden.

Hatten Sie Kontakt mit Journalisten, die das Lager besuchten?

Erstens: Die Journalisten kamen nie in die Nähe der Gefangenen. Sie waren sehr weit entfernt, und auch die Fotos, die man sieht, sind aus weiter Entfernung aufgenommen worden.

Zweitens hatten wir Anweisungen, mit den Delegationen nicht zu sprechen. Ein paar Tage bevor ich freigelassen wurde, kam eine Kongressdelegation ins Gefängnis. Wir, die das Tribunal offenbar für unschuldig befunden hatte, waren in einem speziellen Raum untergebracht. Die Lagerleitung hatte Angst, dass wir mit der Delegation in Kontakt kommen und mit deren Mitgliedern sprechen könnten, deshalb hatte sie uns verlegt.

Die Mitgefangenen streikten und drohten, mit den Delegationsmitgliedern zu reden. Deshalb wurde der Besuch in dem Lagertrakt aus Angst von eventuellen Gesprächen annulliert. Die Delegation aber ging hinter dem Lagertrakt her und besuchte das Krankenhaus. Die Gefangenen kletterten an den Zellenwänden hoch und konnten durch die kleinen Fenster mit der Delegation reden. Sie riefen ihnen was zu über die Unterdrückung, das Unrecht, die Beleidigung des Korans und über unsere ganzen Probleme. Nachdem die Delegation das Lager verlassen hatte, wurde der gesamte Trakt bestraft. Das Schlimmere ist, dass diese Delegation nach ihrer Rückkehr in die USA erzählte, die Situation der Gefangenen sei gut. Uns war immer die härteste Bestrafung angedroht worden, sollten wir mit den Journalisten zu reden versuchen.

Haben Sie wahrgenommen, dass es viele Gefangene mit

psychischen Problemen gab, dass einige sogar nicht einmal mehr wussten, wo sie sich befanden?

Es gab neben uns einen Trakt mit dem Namen Camp Delta. Dieser Trakt war nur für diejenigen Gefangenen bestimmt, die durch Gefangenschaft und Folter oder weil sie unschuldig waren und einfach von der Straße weg verhaftet oder aus ihren Häusern und Geschäften entführt worden waren, psychische Probleme hatten. Wir hörten ihre Schreie und bekamen mit, wie sie mit Spritzen behandelt wurden. Manche drohten damit, sich umzubringen, und sie stießen ihre Köpfe gegen das Eisengitter. Es waren viele Afghanen, Pakistani, Araber und Europäer.

Wurden die Phobien dieser Gefangenen als Mittel der Folter eingesetzt?

Bei mir nicht, aber vielleicht bei einigen anderen Gefangenen. Ich habe einen Mann aus Usbekistan getroffen. Er erzählte, er habe von den Bewachern einige Sachen verlangt, was die jedoch abgelehnt hätten. Er sagte zu ihnen, dass er zusammenbrechen und im Camp Delta landen werde. Sie antworteten: »Schön. Das ist das, was wir wollen.« Sie haben zu mehreren Gefangenen gesagt, dass sie möchten, dass deren Psyche so werde wie die der Häftlinge im Camp Delta. Sie wollten ihnen das Leben zur Hölle machen.

Sind Gefangene umgekommen in Guantánamo?

In Guantánamo nicht, aber in Bagram. Einige Gefangene haben in Bagram gesehen, wie andere Gefangene zu Tode geschlagen wurden. Ich möchte aber erwähnen, dass 28

Afghanen versucht haben, sich umzubringen, als die Amerikaner den Koran entweiht und ihn neben die Toilette geworfen hatten. Sie haben uns dann Milch zu trinken gegeben, die mit Betäubungsmitteln versetzt war, so dass wir zwei Tage geschlafen haben. So wollten sie verhindern, dass wir solidarische Aktionen mit den Afghanen unternehmen. Sie haben sich mit Bettlaken zu erhängen versucht. Ein Gefangener aus Saudi-Arabien mit dem Namen Mishal al-Madani hat versucht, sich zu erhängen, nachdem der Koran das erste Mal entweiht wurde. Die Wächter kamen in seine Zelle, bevor er sich etwas antun konnte, und schlugen ihm auf den Kopf, was dazu führte, dass er am ganzen Körper gelähmt ist. Er wurde an Saudi-Arabien ausgeliefert.

Gab es in Guantánamo andere Tiere außer den Hunden?

Ja. Es gab Ratten, Schlangen und Skorpione. Keiner ist von einer Schlange gebissen worden, wohl aber von Skorpionen. Es gab Tiere, die aus dem Wald kamen.

Wurde Musik gegen Sie eingesetzt?

Ja. Ganz laute Musik.

Was war die Wirkung der Musik auf Ihr Bewusstsein?

Die Gefangenen wurden oft im Verhörraum auf einen Stuhl gesetzt und gefesselt allein gelassen. Dann wurde die Klimaanlage sehr kalt eingestellt und die Musik ganz laut aufgedreht. Sie mussten oft bis zu sieben, acht oder zehn Stunden dort bleiben. Manchmal kamen Frauen rein und haben sie sexuell belästigt.

Wurde die amerikanische Hymne gespielt?

Nicht die ganze Zeit; einmal morgens und einmal abends. Wir haben protestiert und gesagt, dass wir mit der amerikanischen Nationalhymne nichts zu tun haben. Wir haben deswegen gestreikt und laut gelärmt. Sie drohten uns daraufhin, dass sie während unseres Gebets auch laut lärmen würden. Sie sagten, es sei eine Pflicht, die Hymne morgens und abends zu hören. Früher war die Hymne nur in einigen Lagerbereichen zu hören. Jetzt haben sie draußen im Hof einen Mast mit Lautsprecher aufgestellt, damit alle Gefangenen die Hymne hören.

Sie erwähnten Streiks als Widerstandsmittel. Gab es andere solche Mittel?

Ich möchte eine Sache sagen. Die Streiks und alle anderen Arten des Widerstandes, die in Guantánamo stattgefunden haben, sind entstanden, weil man unseren Glauben und unsere religiösen Rituale entweiht hatte. Die Ermittler haben die Gefangenen oft während der Verhöre in die israelische oder amerikanische Flagge eingehüllt, den Koran auf den Tisch gelegt, ihre Füße hochgenommen und auf den Koran gelegt. Sie fragten: »Ist das das Buch, für das ihr kämpft? Ist das das Buch, das euch beschützen soll? Lasst es euch jetzt beschützen.« Der ganze Widerstand, ob durch Streik oder andere Methoden, entstand nur deswegen.

Im Augenblick läuft ein Hungerstreik in Guantánamo. Hatten Hungerstreiks überhaupt je eine positive Wirkung?

Die Amerikaner haben die Mentalität des Wilden Westens. Es war schwierig, Forderungen mit Gewalt durchzusetzen. Die Geschichte hat die Wahrheit über die Amerikaner gezeigt, die man etwa an dem erkennt, was sie in Vietnam und selbst in Amerika gegen die Indianer gemacht haben. Dies ist ihre Mentalität von Tyrannei und Überheblichkeit. Sie haben nicht eingelenkt.

Wir haben oft Hungerstreiks wegen der Entweihung des Korans gestartet. Dann hat es immer Verhandlungen und Versprechen gegeben, dass der Koran nicht mehr entweiht werde. Aber sie haben auch gesagt, dass diejenigen, die das machen, dumm seien und Einzeltäter und dass sie bestraft werden würden.

Zwei Tage, nachdem wir einen Hungerstreik beendet hatten, haben sie den Koran bei den Afghanen wieder entweiht. Als die Afghanen nach dem Duschen zurück in ihre Zellen kamen, fanden sie den Koran auf der Erde neben dem Klo liegen. Es war nicht nur ein Koran, sondern mehrere, es war ein gezielter Akt. Sie wollten nicht klein beigeben.

Als wir dann einen Hungerstreik in allen Teilen des Lagers gestartet haben, ist ein General gekommen und hat gesagt: »Hier war früher ein Friedhof für die Spanier, nun wird es euer Friedhof werden.« Anstatt das Problem zu lösen, hat er die Gefangenen bestraft. Er hat ihnen die Haare und Bärte abschneiden lassen. Manchmal hat er die rechte Seite des Barts und die linke Seite des Schnurrbartes rasieren oder nur Teile des Kopfhaars schneiden lassen oder die Augenbrauen oder nur eine Augenbraue. Das war die amerikanische Politik; nichts hat geholfen, weder Hungerstreik noch andere Widerstandsmethoden.

Hat das Personal versucht, die Gefangenen von ihrer Religionsausübung abzuhalten?

Ja. In Bagram und Kandahar haben sie das mehrmals versucht. In Kandahar wurde es uns sogar verboten zu beten. In Kandahar kamen sie rein, während wir beteten, schmissen uns auf den Boden und fingen an, uns zu durchsuchen. In Guantánamo haben sie das nicht gemacht, aber es gab einen Gefangenen, der der englischen Sprache mächtig war. Als er sich zum Beten gebeugt hatte, hörte er die Soldaten sagen: »Schau mal, wie er sich beugt, wie schön wäre es, wenn ich ihn jetzt von hinten nehmen würde.« Sie haben uns nicht am Beten gehindert, aber sie haben versucht, durch Witze zu stören.

Sie sagten vorhin, es habe neun Monate gedauert, bis Ihre Frau und Familie wussten, was mit Ihnen geschehen war und wo Sie sich befanden. Was hat Ihre Frau in dieser Zeit gemacht?

Sie hat die ganze Zeit nach mir gefragt. Sie hat die Gaddhafi-Stiftung nach mir gefragt. Sie sagte: »Ihr habt mir doch gesagt, er werde nur für zwei Stunden befragt, wo bleibt er?« Natürlich, sie ist eine starke und gläubige Frau, aber es war schwierig für sie, mit sieben Kindern alles allein zu meistern. Als ich zurückkehrte, war meine Frau mit 30 000 Dollar verschuldet. Wer soll diese Schulden begleichen?

Ich habe eine Familie, sieben Kinder, die Geld für die Schule, Arztbesuche, Essen und Trinken brauchen. Wer gibt mir das Geld? Meine Frau war gezwungen, Kredite bei anderen Leuten aufzunehmen. Sie versicherte den Leuten, dass ich alles zurückzahlen würde, wenn ich freigelassen werde.

Wir wollen eine Entschädigung. Diejenigen, die uns Schaden zugefügt haben, bekamen große materielle Hilfe, als sie vom Hurrikan heimgesucht wurden. Alle arabischen Staaten gaben großzügige Spenden für den Verursacher unseres Elends. Katar spendete 300 Millionen, Kuwait und die VAE jeweils eine halbe Milliarde Dollar. Und wir, die wir aus Guantánamo freigelassen wurden, blieben allein. Keiner sagte zu uns: Hier sind 10000 oder 20000 Dollar. Keiner hat uns geholfen, weder Staaten noch Personen. Keiner hat unsere Situation gewürdigt. Uns ist großer Schaden zugefügt worden. Sollte ich Arbeit finden, was soll ich mit dem Geld tun? Die Kinder ernähren oder die Schulden begleichen? Ich weiß nicht, was ich tun soll. Ich habe weder einen Abschluss noch einen Beruf hier. Das, was ich früher als Beruf in Afghanistan ausgeübt hatte, läuft hier nicht.

Haben Sie keine Hoffnung auf Schadenersatz aus Amerika?

Na ja, darauf werde ich lange warten müssen. Vielleicht könnte so was in der Zukunft passieren, und mit Gottes Hilfe bekommen wir wirklich Schadenersatz, aber das Problem ist die Lage jetzt. Die USA haben ein Gesetz verabschiedet, wonach sie für solche Taten nicht strafrechtlich belangt werden können. Die USA haben die ganze Affäre als politische und nicht strafrechtliche Angelegenheit abgetan. Sogar das Rote Kreuz und unsere Anwälte haben mir das alles bestätigt.

Können Sie uns die Situation Ihrer Entlassung aus Guantánamo beschreiben?

Am 10. Mai 2005 teilte das Gericht mir mit, dass sie für mich eine frohe Nachricht hätten. Sie sagten, dass ich kein Kämpfer sei. Sie hätten ihre Regierung kontaktiert und warteten auf die Papiere. Sie entschuldigten sich.

»Sie sind kein Gefangener mehr«, sagten sie. »Sie werden anderswohin gebracht, wo Sie besser behandelt werden. Sie werden dort unter besseren Bedingungen leben mit besserem Essen, Ruhe, TV, Kühlschrank, und Sie bekommen alles, was Sie verlangen. Sie bleiben dort, bis wir alles mit Ihrem Land arrangiert haben.«

Ich dachte wirklich, dass sie die Wahrheit sagten, aber ich bin an einen sehr primitiven Ort gebracht worden. Es gab da nichts von den Sachen, die sie mir versprochen hatten. Es war genau so wie vorher. Wir waren dort noch dreizehn Personen, da vor uns 24 Afghanen und zwei Belgier freigelassen worden waren. Die Behandlung war sehr schlecht. Es gab immer wieder Streit mit dem Militär. Sie haben sogar fünf Männer mit Einzelhaft bestraft.

Ich blieb dort bis zum 19. Juli. An dem Tag bin ich ausgereist. Bevor ich freigelassen wurde, forderten sie mich auf, ein Dokument zu unterschreiben, andernfalls würde ich die Insel nicht verlassen dürfen. Ich erwiderte, dass ich unschuldig sei und gar nichts unterschreiben müsse. Das Dokument beinhaltete drei Bedingungen:

Es ist verboten, dass ich mich den Taliban oder Al Qaida anschließe.

Es ist verboten, dass ich mich jeglicher terroristischer Organisation anschließe, die den USA und ihren Verbündeten feindlich gesonnen ist.

Es ist verboten, Terroristen wissend Unterschlupf zu gewähren.

Sollte ich eine dieser Bedingungen nicht erfüllen, würde ich sofort wieder verhaftet und an die Amerikaner ausgeliefert werden.

Hat Ihre Frau Sie nach Ihrer Rückkehr sehr verändert gefunden?

Ja. Meine Frau sagt, ich hätte mich sehr verändert. Ich bin ungeduldig, schreie die Kinder oft an. Ich behandle meine Frau und die Kinder streng, werde schnell sauer. Sie sagt, ich wäre nicht der Mann, den sie gekannt hätte.

Ich habe an Gewicht verloren. Bevor sie mich verhaftet hatten, hatte ich keine weißen Haare. Und jetzt? Ich sehe aus wie Fünfzig, bin aber erst vierzig Jahre alt.

Als Unschuldigen hätte man mich vielleicht eigentlich durch das Rote Kreuz ausfliegen lassen können, sauber und in anständiger Kleidung. Aber sie flogen mich genauso zurück, wie ich damals nach Guantánamo gebracht worden war. Ich war am ganzen Körper an den Boden des Flugzeuges gebunden, die Augen und Ohren zugedeckt usw. Der Flug dauerte ungefähr vierzig Stunden. Von Guantánamo ging es in die Türkei, dann nach Bagram und von dort nach Amman. Im Flugzeug wollte ich auf die Toilette gehen, sie haben mir das erlaubt und mich gefesselt zur Toilette gebracht. Ich habe die Bewacher gebeten, mir die Fesseln abzunehmen, aber sie haben das abgelehnt.

Das war die Behandlung, die ich als Unschuldiger erfahren habe.

Hussein Abdulkader Youssef Mustafa

Hussein Abdulkader Youssef Mustafa ist zum Zeitpunkt des Interviews 52 Jahre alt, er ist jordanischer Palästinenser und hat das Lager äußerlich unverletzt, aber psychisch gezeichnet, am 7. August 2004 verlassen. Seinen Beruf – er war Religionslehrer – kann er heute nicht mehr ausüben. Er ist arbeitslos. Das Gespräch fand in Jordanien in Anwesenheit seines Anwalts statt.

Mr. Hussein, bitte beschreiben Sie mir Ihr Leben vor 2001.

Ich habe damals in Pakistan gelebt, hatte ein komfortables Leben, war von der UNO als Flüchtling anerkannt und besaß einen Flüchtlingsausweis. Daher hat die UNO die Kosten der Schulbildung und der medizinischen Behandlung der Kinder übernommen. Ich habe regelmäßig einen bestimmten Betrag von der UNO erhalten. Nebenbei habe ich sporadisch in einer jemenitischen Schule gearbeitet.

Als was haben Sie dort gearbeitet?

Ich bin 1985 nach Pakistan gekommen und habe dort gelebt, bis ich verhaftet worden bin. Ich habe als Lehrer in den Schulen der afghanischen Flüchtlinge, die vor der russischen Besatzung geflohen waren, gearbeitet. Peshawar liegt an der Grenze zu Afghanistan, deshalb waren dort viele Organisationen tätig: islamische, arabische, europäische, amerikanische und japanische. Sie gründeten Schulen und Krankenhäuser. Während der Zeit habe ich in diesen Schulen und Wissenschaftsinstituten gearbeitet.

Was haben Sie dort unterrichtet?

Arabisch und Religion.

Wie war Ihre soziale Situation? Wurden Sie gut bezahlt?

Ja. Ich bekam ein gutes Gehalt.

Sind Sie verheiratet?

Ja. Ich habe geheiratet, bevor ich nach Pakistan gekommen bin. Ich hatte bereits drei Kinder, und in Pakistan sind weitere fünf Kinder geboren worden.

Hätte ich Sie im Jahr 2000 nach Ihrer Lebensperspektive und Ihren Zukunftserwartungen gefragt, was hätten Sie geantwortet?

Mich bewegte das humanitäre Elend der afghanischen Flüchtlinge. Unter diesen Flüchtlingen gab es viele, die Arabisch lernen wollten. Ich sah es als meine Aufgabe an, sie zu unterrichten.

Welche Werte haben Sie Ihren Schülern zu vermitteln versucht?

Sie sollten die arabische Sprache und die Grundlagen der

islamischen Religion wie Beten, Fasten, Zakat usw. lernen. Ich habe im Unterricht auch die Werte der Gewaltlosigkeit und Toleranz vermittelt.

Wie konnte Sie dann jemand der Gewaltausübung verdächtigen?

Die Pakistani wollten die Amerikaner überzeugen, dass sie im Krieg auf deren Seite stehen. Sie wollten mit unserer Auslieferung den Amerikanern sagen: »Wir haben etwas gegen die Araber unternommen.« Sie haben uns verhaftet und für Geld ausgeliefert und damit den Amerikanern gesagt: »Wir stehen in diesem Krieg an eurer Seite.« So wie Bush gesagt hat: »Wer nicht mit uns ist, ist gegen uns.« Gegen uns persönlich hatten sie keinen Verdacht.

Warum also wurden ausgerechnet Sie verhaftet?

Gute Frage. In dieser Nacht haben sie mich zusammen mit neun anderen Personen verhaftet. Wir waren zehn Araber, die in Peshawar lebten, ausgestattet mit offiziellen und legalen Dokumenten sowie von der pakistanischen Regierung ausgestellten Aufenthaltsgenehmigungen. Gegen uns hatten sie nichts vorzubringen, aber sie kamen und verhafteten uns eines Nachts.

Sie waren Religionslehrer. Könnte es sein, dass diese Tatsache Sie den Amerikanern verdächtiger erscheinen ließ als jemand, der einen anderen Beruf hatte?

*Die Zakat ist, als Almosengabe im Islam, eine der fünf Grundpflichten der Muslime. Schon zu Lebzeiten Mohammeds war sie eine Steuer zur Finanzierung sozialer, karitativer und missionarischer Aufgaben.

Nein. Die Amerikaner sagten im Verhör, wir seien nicht alle verdächtig. Der General, der mich verhörte, wollte sich rechtfertigen und sagte, sie hätten nach dem 11. September ein großes Problem. Die Türme seien zerstört worden, viele Männer seien getötet worden, und viele Frauen seien heute Witwen. Sie hätten deshalb Wut im Bauch und würden nun wahllos verhaften – egal, wer schuldig oder unschuldig sei. Ich sei eine von diesen Personen.

Nach den Ermittlungen, die 26 Monate dauerten, gaben sie dann zu, es sei für sie klar geworden, dass ich unschuldig sei. Deshalb würden sie mich freilassen.

Das heißt, Sie wurden verhaftet, weil Sie entweder Pech hatten oder aufgrund von Geldzahlungen an die Pakistani oder weil die Pakistani den Amerikanern ihre Loyalität beweisen wollten?

Ich habe bei der Freilassung ein offizielles Dokument bekommen, in dem bestätigt wurde, dass die Amerikaner mich freilassen und mich dahin bringen würden, wo sie mich verhaftet hatten. Dort steht, ich würde weder für die Regierung der Vereinigten Staaten von Amerika noch für ihre Alliierten in Afghanistan eine Gefahr darstellen. Dieses Dokument sei allerdings nichtig, sollte ich in Zukunft etwas gegen die USA unternehmen.

Beschreiben Sie bitte die Umstände Ihrer Verhaftung.

Ich bin eines Abends gegen zehn Uhr nach Hause zurückgekehrt und gerade dabei gewesen, zusammen mit meiner Familie das Abendbrot einzunehmen, als es an der Tür geklingelt hat. Mein kleiner Sohn ist hingegangen und schreiend wieder zurückgelaufen: »Polizei, Polizei!« Die Polizei ist direkt hinter ihm hergekommen mit schussbereiten Gewehren und hat laut geschrien: »Wo ist Hussein? Wo ist Hussein?« Ich habe gesagt: »Hier bin ich.« Sie haben mich angegriffen, mich gefesselt und gesagt, ich müsse mit ihnen kommen. Ich habe ihnen gesagt, dass ich mich hier legal aufhielte und nichts verbrochen hätte. Aber sie haben mich gemeinsam mit meinen zwei älteren Söhnen in ein pakistanisches Gefängnis in Peshawar gebracht. Meine Söhne sind noch in derselben Nacht wieder freigelassen worden.

Handelte es sich bei den Gefangenen im Gefängnis zu der Zeit ausschließlich um politische Gefangene?

Es waren dort nur die zehn Araber, die sie in dieser Nacht verhaftet hatten.

Waren es nur pakistanische Polizeikräfte, die Sie verhaftet hatten? Wussten Sie bis dato nicht, ob Ihre Verhaftung in Verbindung mit den Amerikanern stand?

Doch. Als die pakistanischen Sicherheitskräfte mich rausbrachten, habe ich einen Mann und eine Frau gesehen, die Amerikaner zu sein schienen und in einem Fahrzeug warteten. Später, nach meiner Freilassung, habe ich meine Frau danach gefragt, und sie hat bestätigt, dass die beiden zusammen mit pakistanischen Polizisten in unser Haus gingen und sich an der Durchsuchung des Hauses beteiligten.

Haben die pakistanischen Sicherheitskräfte Sie verhört?

Ich wurde zweimal von den Amerikanern verhört; einmal ganz kurz und das zweite Mal ungefähr anderthalb Stunden lang. Die Pakistani haben uns nie verhört.

Also kamen die amerikanischen Ermittler in das pakistanische Gefängnis und verhörten die Gefangenen?

Nein. Wir wurden mit verbundenen Augen woandershin gebracht und dort von den Amerikanern verhört.

Was wollten sie wissen?

In dem kurzen ersten Verhör ging es um Namen, Nationalität usw. Das zweite Verhör war ausführlicher und dauerte mehr als eine Stunde. Sie wollten alles wissen – von dem Tag an, an dem ich nach Pakistan kam, bis zur Verhaftung.

Haben Sie den Eindruck gewonnen, dass man dort Informationen über Sie besaß?

Nein. Sie stellten Fragen, und ich habe sie beantwortet. Aber die Pakistani wussten alles über uns, und es mag sein, dass sie diese Informationen an die Amerikaner weitergegeben hatten.

Haben die Amerikaner Fingerabdrücke und Speichelproben genommen?

Fingerabdrücke ja. Aber sie haben keine Speichelprobe von mir genommen.

Haben sie Ihnen überhaupt erklärt, warum Sie verhaftet wurden?

Ich habe dem Ermittler diese Frage auch gestellt, und er hat geantwortet, das sei aufgrund meiner Kontakte zu den Afghanen geschehen. Ich habe ihn dann nach diesen Kontakten gefragt, und er hat gesagt, darüber werde er später mit mir reden.

Wann sollte dieses »später« sein?

Das war nur Gerede. Er wollte mich nur überzeugen, dass sie einen Grund für meine Verhaftung hätten.

Haben Sie daraufhin selbst angefangen zu überlegen, wo Sie Kontakt mit jemandem, der als gefährlich eingestuft wurde, gehabt haben könnten?

Der Krieg in Afghanistan war ganz in unserer Nähe. Peshawar ist nur siebzig Kilometer von Afghanistan entfernt. Wenn ich nur ein Prozent Angst vor einer Verhaftung gehabt hätte, wäre ich geflohen, aber ich habe gedacht, ich habe mir nichts vorzuwerfen und brauche deshalb keine Angst zu haben.

Was geschah nach dem Verhör?

Nach zehn Tagen teilten uns die Pakistani mit, wir müssten für ein weiteres Verhör nach Islamabad gebracht werden, und sie sagten uns, wir sollten Briefe an unsere Familien schreiben und sie informieren. Am Abend wurden wir gefesselt und mit Autos zum Flughafen gebracht. Dort angekommen, wurden wir einzeln mit Namen aufgerufen. Als ich an der Reihe war, entfernte man mir die Augenbinde, und dann konnte ich sehen, dass Amerikaner auf uns warteten.

Sind die Briefe angekommen?

Nein.

Sie finden sich plötzlich gefesselt vor einem Flugzeug, um das Amerikaner herumstehen. Wie haben Sie die Lage eingeschätzt?

Ich ahnte, dass wir an die Amerikaner ausgeliefert werden sollten.

Wurden Sie, bevor Sie das Flugzeug bestiegen, noch einmal verhört?

Zuerst wurden die pakistanischen Fesseln gegen amerikanische Fesseln aus Plastik getauscht. Die waren sehr eng. Dann haben sie meine Hände hinter dem Rücken zusammengebunden, und dann brachten mich zwei Soldaten im Laufschritt zum Flugzeug.

Waren Sie bei guter Gesundheit?

Ja.

Konnten Sie im Flugzeug mit anderen Gefangenen reden?

Nein. Sie schrien uns an: »Bewegen verboten! Reden verboten!«

Befanden sich nur die zehn Verhafteten im Flugzeug?

Nein. Als wir in Bagram ankamen, konnte ich auch mit anderen reden und fand heraus, dass sie aus Karachi, Lahore, Islamabad und Peshawar kamen. Alle waren Araber.

Verstanden Sie die englische Sprache?

Ein wenig.

Konnten Sie sich durch die Unterhaltung der Amerikaner untereinander ein bisschen orientieren und erfahren, wo Sie sich befanden?

Im Flugzeug haben wir nichts gehört.

Wussten Sie damals, was Bagram ist? Kannten Sie die Bedeutung dieses Lagers?

Nein. Aber später, als wir gelandet waren, dachte ich, dass wir immer noch in Pakistan wären. Ich habe gefragt, wo wir uns befänden. Die anderen Gefangenen sagten mir, wir seien in Bagram. Ich dachte die ganze Zeit, dass Bagram ein Militärstützpunkt der Amerikaner in Pakistan ist.

Wie lange sind Sie in Bagram geblieben?

Zwei Monate. Wir wurden dort oft verhört.

Worum ging es bei der Befragung?

Sie haben wiederholt Fragen zu meinem Lebenslauf gestellt. Außerdem wollten sie wissen, ob ich Informationen hätte über die Leute, die von Pakistan nach Afghanistan gegangen waren, ob sie Mitglieder von Al Qaida wären. Diese beiden Punkte wurden im Verhör oft wiederholt.

Wurde bei den Verhören physische Gewalt angewandt?

Ja, sie haben mich gequält. Sie haben mich gezwungen, mit gefesselten Händen auf den Knien zu hocken. Manchmal habe ich auf einem Bein stehen müssen, manchmal haben sie mich mit den Händen an die Eisentür gebunden. Manchmal bin ich 24 Stunden lang mit gefesselten Händen und Beinen in einen Raum gesperrt worden. Wir durften nachts nur zwei Stunden schlafen, und wenn einer sitzend einschlief, wurde er geweckt und gezwungen, aufzustehen. Wenn sich jemand wegen der Müdigkeit an die Gitter lehnen wollte, befahlen sie ihm, Abstand von den Gittern zu halten.

Hatten Sie Angst vor einem Zusammenbruch?

Nein. Ich hatte die ganze Zeit die Hoffnung, dass das bald zu Ende sein würde.

Hofften Sie auf ein Gerichtsverfahren?

Nein. Sie hatten ja noch nicht einmal eine Anschuldigung gegen mich. Ich habe den Vernehmer aufgefordert, er solle mich alles fragen, was er möchte, denn ich hätte nichts zu verbergen. Sie haben mich in Guantánamo ungefähr zehn Monate lang kein einziges Mal verhört. Ich war zuerst zwei Monate in Bagram und danach zwanzig

Monate in Guantánamo und dann wieder vier Monate in Bagram. Dort haben sie uns gesagt, es liege nichts gegen uns vor. Wir könnten in unsere jeweiligen Heimatländer zurückkehren, müssten aber noch die Koordination mit den betreffenden Regierungen abwarten.

Haben die Gefangenen in Bagram gewusst, was Guantánamo ist?

Es war nicht möglich, mit den anderen Gefangenen zusammenzukommen, denn wir waren voneinander isoliert. Es war verboten, mit denen zu reden.

Wussten Sie von Guantánamo, als Sie zum ersten Mal in Bagram waren?

Bevor ich verhaftet wurde, habe ich über die Nachrichten erfahren, dass Anhänger von Al Qaida dorthin gebracht worden seien. Während der Inhaftierung gab es weder Zeitungen noch Radio, geschweige denn Fernseher. Es gab überhaupt keine Nachrichten.

Als man Sie in ein Flugzeug steckte, haben Sie da gedacht, dass Sie nach Guantánamo gebracht werden würden?

Nein.

Hatte man Ihnen mitgeteilt, dass Sie nach Guantánamo gebracht werden würden und aus welchen Gründen?

Ja. Sie haben mir gesagt, ich solle entweder zugeben, dass ich die Terroristen kennen würde, oder sie brächten mich nach Kuba. Sie haben gesagt: »Wir werden dich nach

Kuba bringen, und da kannst du deine Unschuld beweisen, aber das wird lange dauern. Wenn du aber hier in Bagram gestehst, schicken wir dich gleich nach Hause.«

Wie erklären Sie sich dann die Tatsache, dass Sie in Guantánamo so lange gar nicht verhört wurden?

In Guantánamo haben sie mich am Anfang mehrere Male verhört, dann zehn Monate lang nicht mehr. Danach haben sie erneut angefangen, mich zu verhören, und die gleichen Fragen gestellt wie zuvor. Ich war dann sicher, dass diese Leute nichts gegen mich in der Hand hatten. Sie wollten nur überprüfen, dass das, was ich jetzt erzählte, meinen früheren Aussagen entsprach. Vielleicht haben sie auch die ganze Zeit über in der Hoffnung gewartet, dass jemand neue Informationen über mich liefern könnte.

Man wusste etwa, dass Sie Religionslehrer waren. Hat man diese Tatsache als Druckmittel gegen Sie eingesetzt, etwa indem sie Sie daran hinderten, Ihre religiösen Rituale zu praktizieren?

Nein. In Guantánamo war ich allein in einer Zelle, wo ich beten, fasten und aus dem Koran rezitieren konnte. Sie haben aber versucht, uns durch das Abspielen der amerikanischen Nationalhymne zu stören.

Moslems, die fasten, dürfen erst nach Sonnenuntergang essen. War dies für Sie möglich?

Ja.

Hatten Sie den Eindruck, dass Sie zu den privilegierten Gefangenen zählten, die keine ganz so harten Erfahrungen machen mussten im Vergleich zu anderen?

Die Amerikaner hatten überhaupt keine belastenden Informationen oder Indizien gegen mich. Sie hatten keinen begründeten Verdacht gegen mich. Es gab also keinen Grund, mich zu foltern. Ich glaube, dass sie mich deshalb nicht wie viele andere behandelten.

Haben Sie selbst erlebt, dass andere Gefangene gefoltert wurden?

Ich habe selbst nichts gesehen. Aber wenn jemand gefoltert wurde, verbreitete sich die Geschichte schnell.

Haben Sie erlebt, dass sich Soldatinnen indezent verhalten haben?

Ja, die Soldatinnen waren oft nur mit einem T-Shirt bekleidet. Das ist für Moslems nicht in Ordnung. Eine Frau sollte anständig angezogen sein. Die Art und Weise, wie sie sich gekleidet haben, hat uns gestört. Ich habe einmal den für unseren Trakt Verantwortlichen gefragt, warum Frauen uns zum Duschen begleiten. Er hat gesagt, sie seien Soldaten und nicht Frauen. Manchmal haben wir auf das Duschen verzichtet, nur wegen der Begleitung der Soldatinnen, obwohl wir immer sehnsüchtig auf das Duschen gewartet haben und darauf, nach draußen in die Sonne zu gehen.

Wie war Ihre psychische Situation während dieser Zeit?

Ich habe mich ziemlich elend gefühlt, und jedes Mal habe ich den Vernehmer gefragt, warum ich eigentlich hier wäre und wie lange noch. Er hat immer geantwortet, ich würde später freigelassen, wenn die Ermittlung zu Ende sei.

Was konnten Sie um das Lager herum sehen?

Von einer Seite konnten wir das Meer sehen. Von den anderen Seiten nichts, denn der Stacheldraht war mit Stoff verhängt.

Wie viele Stunden am Tag durften Sie Kontakt zu anderen haben?

Das hing von der Klasse des jeweiligen Lagertrakts ab. Gefangene der dritten und der vierten Klasse durften zweimal wöchentlich für fünfundzwanzig Minuten rausgehen, davon zwanzig Minuten zum Spazierengehen und die restlichen fünf zum Duschen. In der ersten Klasse sind sie jeden Tag für zwanzig Minuten zum Spazierengehen rausgegangen und durften sich alle zwei Tage einmal duschen.

Wie funktioniert das Gehirn unter solchen Umständen? Womit beschäftigt es sich?

In den offenen Lagerbereichen waren die Zellen nur durch Gitter voneinander getrennt. Wir hatten die Möglichkeit, mit unseren Nachbarn zu reden, Essen und andere Dinge auszutauschen. Der Austausch von Essen und der anderen Dinge musste aber hinter dem Rücken der Wachen stattfinden. Die Situation in den offenen Zellen war also unter diesen Umständen gar nicht so schlecht. In den geschlossenen Trakten war die Situation anders; man fühlte sich eingeengt und fragte sich die ganze Zeit, wann man aus diesem Hühnerkäfig rauskommen, wann man zu seiner Familie zurückkehren und was man nach der Entlassung tun würde.

Es wurde viel Druck auf die Gefangenen ausgeübt. Haben Sie Konflikte oder Streitereien unter den Gefangenen beobachtet?

Nein. Jeder saß allein in seiner Zelle, und bei den Spaziergängen sind die Gefangenen anfangs einzeln und dann zu zweit rausgelassen worden.

Als die Journalisten Guantánamo besuchten, wurde Ihnen da klar, dass das Lager internationales Interesse hervorrufen könnte?

Wir wussten, dass die ganze Welt dieses Gefängnis beobachtet. Aber außer den Militärjournalisten und ausgewählten Journalisten kamen keine neutralen Reporter oder Leute vom Satellitenfernsehen. Wir durften mit den Journalisten sowieso nicht reden.

Waren Sie überzeugt, dass Sie dieses Lager eines Tages verlassen würden?

Ja. Ich wusste, dass ich freigelassen werden würde. Ich wusste, dass ich unter den Ersten sein würde, die das Lager verlassen könnten.

Trotzdem lehrt Ihr Fall, dass ein unschuldiger Mann auch

in einem so genannten Rechtsstaat seines Lebens nicht sicher sein kann?

Die Aussage, dass ich unschuldig sei und freigelassen werden würde, nutzte mir wenig. Es ist genau so, wie wenn jemand in ein Haus einbricht, alles stiehlt und das Haus zerstört und sich danach entschuldigt. Was haben die Bewohner des Hauses von seiner Entschuldigung?

Als ich in Pakistan lebte, hatte ich nie Schulden. Ich hatte durch die UNO und durch die Schule ein regelmäßiges Einkommen. Das Leben in Pakistan ist billig. Eine Tochter und ein Sohn studierten bereits an der Universität und der zweite Sohn wollte gerade mit dem Studium anfangen. Auch das Studieren ist in Pakistan sehr billig. Der ältere Sohn hatte eine Herzkrankheit, aber in Pakistan war es möglich, ihn zu behandeln, weil die Behandlung dort ebenfalls billig ist. Als meine Familie nach Jordanien zurückkehrte, während ich im Gefängnis war, war er gezwungen, die Verantwortung für die Familie zu übernehmen. Aber wegen seiner Krankheit konnte er das nicht lange tun. Nach sechs Monaten starb er.

Ich bin seit eineinhalb Jahren wieder hier in Jordanien. Seitdem habe ich keine Arbeit gefunden. Meine Kinder dürfen keine staatlichen Schulen oder staatlichen Universitäten besuchen. Mein Sohn studiert an einer privaten Universität, meine Tochter studiert an einer privaten Hochschule, und die anderen Kinder sind in privaten Schulen. Die jährlichen Gebühren für die Privatschulen kommen auf 500 Dinar, die staatlichen Schulen nehmen zehn Dinar. Was die Universitäten betrifft, so bezahlt man pro Stunde. Die privaten Universitäten nehmen 40 bis 50 Dinar pro Stunde, die staatlichen Universitäten bloß 15 bis 20 Dinar.

Warum dürfen die Kinder nicht in staatliche Schulen gehen?

Ich bin Palästinenser. Ich habe die jordanische Staatsangehörigkeit nicht. Ich habe zwar einen Reisepass, aber ich habe keine Sozialversicherungsnummer. Deshalb darf ich nicht arbeiten. Ich habe versucht, an verschiedenen Schulen Arbeit zu finden, aber ohne Erfolg. Sie sagen immer, es sei ihnen verboten, mich einzustellen.

Haben Sie angefangen, die Amerikaner zu hassen?

Sicher. Sie sind der Grund für meine Probleme. Hätten sie mich nach Pakistan und nicht nach Jordanien ausgeflogen, wäre meine Situation besser. Sie haben mich in eine schwierige Situation gebracht. Sollte ich, Gott bewahre, krank werden, wäre es mir nicht erlaubt, ein staatliches Krankenhaus aufzusuchen. Und wenn doch, dann müsste ich die Kosten selbst übernehmen wie in einem privaten Krankenhaus. Seit 25 Jahren habe ich einen Magisterabschluss in Islamwissenschaften, und jetzt habe ich sogar versucht, nur als Taxifahrer zu arbeiten. Aber es ist verboten, ein öffentliches Verkehrsmittel ohne diese Sozialversicherungsnummer zu führen.

Wie oft denken Sie an Guantánamo?

Die Zeit, die man im Lager verbringt, wird man kaum vergessen. Ich würde zu Gott beten und ihn bitten, ihnen einen Tsunami oder Hurrikan zu schicken, wenn da keine Gefangenen auf der Insel wären.

Welche physischen oder psychischen Folgen sind geblieben?

Ungeduldig bin ich geworden und immer genervt. Ich bin seit dreißig Jahren verheiratet, und ich hatte in diesem Jahr so viele Eheprobleme wie in den anderen dreißig Jahren zusammen. Auch habe ich Herzprobleme bekommen. Wenn ich meinen Sohn zum Beispiel bitte, Zucker zu kaufen, und er nicht geht, werde ich wütend und bekomme Herzschmerzen, sodass ich weder essen noch trinken kann. Ich habe das Gefühl, dass ich mir ein chronisches Herzleiden zugezogen habe. Ferner ist mein Sehvermögen schlechter geworden. Vor dem Lager trug ich eine Sehbrille. Im Lager haben die Amerikaner mir eine andere Brille mit falschen Dioptrinwerten gegeben. Ich empfinde außerdem, dass meine Energie, mein Elan, ja sogar mein Denken schwächer geworden sind.

Ohne zu persönlich werden zu wollen: Ist es Ihnen möglich, über das, was Ihnen in Guantánamo passierte, mit Ihrer Frau zu sprechen, sie besser verstehen zu lassen, was diese ehelichen Probleme begründet?

Ja. Ich habe meiner Familie gesagt, dass das Lager daran Schuld ist, dass mir Spuren von Ungeduld, Nervosität, Atemnot, Herzproblemen und Energieverlust zu schaffen machen.

Nachdem Sie zehn Monate lang nicht verhört wurden, schleppte man Sie von Guantánamo wieder nach Bagram. Wie hat man begründet, dass Sie nun wieder dorthin zurückgebracht wurden?

Nach all den Monaten, in denen sie mich nicht verhört hatten, wurde ich auf einmal wieder verhört. Es war eine Art Wiederholung der früheren Befragungen. Sie haben dabei einen Lügendetektor verwendet und mir wieder Fingerabdrücke abgenommen. Ich wusste nicht, dass sie mich nach Bagram bringen würden. Wir wurden in einen Lagerbereich verlegt, der dafür bekannt war, dass dorthin nur Gefangene gebracht wurden, die bald entlassen werden sollten. Einen Tag vor der Freilassung sagte ein Amerikaner, der schlecht Arabisch sprach, man werde uns morgen freilassen. Wohin sie uns bringen würden, wollten wir wissen. Er wusste es nicht. Danach kam ein Vertreter des Roten Kreuzes und sagte mir, ich würde in meine Heimat zurückkehren. Als wir rauskamen, haben die Amerikaner einige Jordanier und Sudanesen direkt in ihre Heimatländer gebracht, aber uns nach Bagram. Obwohl ich ihnen gesagt hatte, dass ich einen jordanischen Reisepass besitze, brachten sie mich für vier Monate nach Bagram. Vielleicht hatten sie den Verdacht, dass sich Jordanien weigern würde, mich ins Land zu lassen.

Was haben die amerikanischen Beamten am Ende der vier Monate gesagt? Entschuldigung – und das war's?

Als wir in Bagram ankamen, sagten sie uns, dass es eine Frage von Tagen sei, bis wir in unsere jeweiligen Heimatländer zurückkehren könnten. Als die erste und zweite Woche vorbei waren, haben wir die Wachen gebeten, einen Offizier zu holen. Wir haben ihn gefragt: »Sind wir frei?« Er hat das bejaht. Dann haben wir gesagt: »Wenn das so ist, dann bringt uns in unsere Heimatländer.« Er hat gesagt, wir sollten warten. Wir haben dann jeden

Tag gefragt. Einen Monat vor der Ausreise kamen andere Offiziere und fragten uns, wohin wir ausgeflogen werden wollten. Ich habe gesagt, dass ich nach Jordanien zurückkehren möchte, der Familie wegen. Einen Monat später kam ein Offizier und teilte mir mit, dass man mich am nächsten Tag nach Jordanien bringen würde.

Und die anderen? Wurden die alle in ihre Heimat geflogen?

Wir waren vier, außer mir noch ein Syrer, ein Iraner und ein Afghane, der in Saudi-Arabien lebte. Sie dachten vielleicht, dass wir alle nicht in unsere Heimatländer zurückkehren wollten. Der Iraner kehrte nicht in den Iran und der Syrer nicht nach Syrien und der Afghane – vermute ich – nicht nach Saudi-Arabien zurück. Sie dachten vielleicht, dass auch ich woandershin wollte, weil ich eine Aufenthaltsgenehmigung für Pakistan hatte. Wir waren also alle in einer ähnlichen Situation.

Wie alt sind Sie?

52 Jahre.

Welcher Zeitabschnitt in Ihrem Leben war schön?

Als ich in der Schule war.

Rechnen Sie damit, dass Ihnen durch eine Sammelklage noch im Nachhinein Gerechtigkeit zuteil wird, dass Sie rehabilitiert werden?

Es gibt Gefangene wie Khalid und mich, gegen die überhaupt nichts vorlag. Sie haben uns festgenommen und unser Leben zerstört – nicht nur in der Zeit der Inhaftierung, sondern auch danach, unser ganzes Leben. Khalid und ich hatten ein gutes Leben in Pakistan. Aber jetzt? Bei wem sollen wir uns beschweren? Beim Rechtsanwalt Clark*? Er ist auf uns zugekommen und hat gefragt, ob wir Klage erheben würden. Aber ich weiß es nicht.

Wer soll die USA zwingen, uns Leute aus der Dritten oder islamischen Welt überhaupt anzuschauen?

* Gemeint ist Ramsey Clark, Justizminister während der Präsidentschaft Lyndon B. Johnsons, der sich seither als Anwalt und Friedensaktivist einen Namen gemacht hat. So schloss sich Clark etwa einer Sammelklage gegen die Haftbedingungen in Guantánamo an, die Human Rights Watch im Januar 2002 beim Bundesbezirksgericht in Los Angeles einreichte. Im November 2005 gab er bekannt, den ehemaligen irakischen Präsidenten Saddam Hussein (mit-)verteidigen zu wollen.

Timur Ischmuradow

Timur Ischmuradow ist dreißig Jahre alt, Tatare und ausgebildeter Ingenieur. Als russischer Staatsbürger auf der Suche nach einem Wohnsitz in einer muslimischen Kultur, gerät er in Afghanistan zwischen die Fronten der Taliban und der Nordallianz. Zum Zeitpunkt des Interviews, das in Russland geführt wurde, war er bereits seit über einem Jahr aus dem Lager von Guantánamo entlassen, von den russischen Behörden jedoch monatelang im Gefängnis festgehalten worden. Erst seit kurzem befand er sich wieder auf freiem Fuße.

Bitte beschreiben Sie uns Ihre Situation zu der Zeit, als Sie noch in Russland lebten.

Ich lebte in Sibirien mit meiner Familie: mit meiner Mutter, meinem Vater und einem Bruder. Ich habe eine Berufsschule absolviert im Bereich Erdölgewinnung bzw. -verarbeitung und dann in der Erdölindustrie gearbeitet. Im Jahre 1998 habe ich angefangen, eine Moschee zu besuchen und die Vorschriften des Islams zu befolgen. Das habe ich etwa ein Jahr lang gemacht und dann beschlossen, Russland zu verlassen, um das Leben der Muslime dort besser kennen zu lernen, wo sie leben. So bin ich nach Tadschikistan gekommen.

Welchen Glauben hatten Sie, bevor Sie in die Moschee gingen?

Ich habe schon immer der muslimischen Gemeinschaft angehört, denn ethnisch und meiner Nationalität nach bin ich ein Tatare. Allerdings habe ich früher einfach die entsprechenden Vorschriften nicht erfüllt und über den Islam zu wenig gewusst.

Was gibt Ihnen der islamische Glauben?

Den Sinn in meinem jetzigen Leben.

Sie sagten, Sie gingen nach Tadschikistan, um Ihren Glauben besser praktizieren zu können. In welchem Milieu haben Sie sich in Tadschikistan bewegt?

Damals war Tadschikistan zweigeteilt. Der eine Teil wurde von der Regierung kontrolliert, der andere von der islamischen Opposition, und in diesen Teil bin ich gefahren. Eine gewisse Zeit habe ich mit Leuten aus der islamischen tadschikischen Opposition verbracht, die meiste Zeit aber mit den Flüchtlingen aus Usbekistan.

Welche politischen Ziele hatte die Opposition?

Während des Gotteskriegs versuchte die Opposition in Tadschikistan, an die Macht zu kommen und einen islamischen Staat zu errichten. Zu dem Zeitpunkt, als ich dort war, hatte die Opposition schon einen Teil des Landes unter ihre Kontrolle gebracht. Nur kann ich Ihnen eigentlich nicht genau sagen, welche Ziele sie verfolgte. Denn ich war kein Anhänger der Opposition, ich lebte nur auf dem Gebiet, das sie kontrollierte.

Wovon lebten Sie?

Bei den Tadschiken lebte ich als Gast. Und bei den Usbeken lebte ich in kleineren Gruppen von zehn bis fünfzehn Leuten. Wir haben selbst gekocht und uns versorgt, aber die Lebensmittel haben wir zugeteilt bekommen. Wie alle Flüchtlinge mit diesem Hintergrund wurden wir von der Islamischen Bewegung Usbekistans – russisch abgekürzt IDU – kontrolliert.

Das Wichtigste damals war für Sie die Ausübung Ihres Glaubens?

Ja.

Wie lange waren Sie in Tadschikistan?

Ein Jahr.

Haben Sie in diesem Jahr Freundschaften geschlossen?

Ja, unter den Usbeken.

Warum haben Sie Tadschikistan verlassen?

Die politische Situation veränderte sich. Plötzlich übte Usbekistan Druck auf Tadschikistan aus. Die Usbeken warfen Tadschikistan vor, den Flüchtlingen Zuflucht zu gewähren. Die Flüchtlinge sollten zurückkehren müssen oder wenigstens auf tadschikischem Territorium nicht mehr geduldet werden. Man befürchtete, dass die Islamische Bewegung Usbekistans Rebellentruppen aus diesen Flüchtlingen rekrutieren und dann gegen die eigene Regierung einsetzen könnte.

Für die Regierung Tadschikistans war das ein Dilemma. Sie wollte einerseits gute Beziehungen zu Usbekistan und fürchtete andererseits Probleme mit der eigenen Opposition, wenn sie die Flüchtlinge nach Usbekistan zurückschicken würde. Und deswegen traf die Führung der Islamischen Bewegung Usbekistans mit den Taliban eine Vereinbarung, dass die Taliban die usbekischen Flüchtlinge in Afghanistan aufnehmen sollten.

Was wussten Sie zu dieser Zeit über die Taliban?

Wenig. Ich wusste nur, dass es sich dabei um eine Bewegung handelt, die Afghanistan beherrschte und die einen islamischen Staat ausgerufen hatte. Die Tadschiken haben mir erzählt: »Wenn du wirklich wissen willst, was die Scharia ist, dann solltest du nach Afghanistan gehen, weil es in Tadschikistan die Scharia in dieser Form eigentlich nicht gibt.«

Und wollten Sie das wissen?

Ja, das war mein Ziel.

Waren Sie bereit, politisch zu agieren?

Nein, das war ich nicht. Meine Absicht war es vielmehr, mich in Glaubensdingen weiterzubilden.

Wie sind Sie nach Afghanistan gekommen und was erwartete Sie dort?

Wir wurden unter Begleitung des tadschikischen Militärs mit Hubschraubern über die Grenze gebracht und dort einfach in der Steppe ausgesetzt. Von dort haben uns die Taliban abgeholt.

Sie kannten niemanden von diesen Leuten?

Wir kannten niemanden von ihnen, aber unsere Anführer hatten schon Kontakt zu ihnen gehabt. Der Transport erfolgte in Gruppen, und abgeholt wurden wir von Lkw.

Wie groß waren die Gruppen?

Achtzehn Personen pro Hubschrauber. Insgesamt waren das etwa hundertfünfzig Personen, und das Ganze dauerte mehrere Tage.

Wohin ging es?

Ins Flüchtlingslager nach Kunduz.

Fand dort die gewünschte religiöse Erziehung statt?

Nicht im großen Stil, aber diejenigen, die das wollten, konnten sich in kleineren Gruppen einer religiösen Weiterbildung unterziehen. Doch das blieb ganz uns vorbehalten.

Sie hatten gewiss nicht vor, in diesem Lager zu bleiben. Was waren Ihre Perspektiven?

Mein Ziel war es, in den Süden Afghanistans zu gehen, wo der Einfluss der Taliban am stärksten und wo es zugleich damals friedlich war; im Norden herrschte ja Bürgerkrieg. Ich wollte in den Süden, um dort irgendwie

Fuß zu fassen. Ich wollte entweder eine zivile Arbeit finden oder über die Grenze nach Pakistan, um weiter zu studieren. Doch all das war noch ganz unbestimmt.

Hatten Sie Hoffnung, wieder in Ihrem alten Beruf arbeiten zu können?

Eigentlich nicht, weil es dort keine solchen Industrieanlagen gibt wie hier in Russland. Aber man brauchte in diesem Land durchaus gut ausgebildete Leute, und ich hätte bestimmt Arbeit finden können, vielleicht als Dolmetscher.

Hatten Sie in dieser Zeit Kontakt zu Ihrer Familie?

Nein. Es gab keine Möglichkeit dazu.

Hat Ihnen die Familie, die Heimat gefehlt?

Wissen Sie, die ganze Zeit war sehr bewegend für mich. Für Heimweh hatte ich da einfach keine Zeit.

Seit ihrem Einmarsch in Afghanistan sind die Russen dort nicht gerade die beliebteste Nation. Haben Sie Ressentiments erfahren?

Als ich mit den Flüchtlingen zusammenlebte, hatte ich so gut wie keinen Kontakt zu den Einheimischen, nur zu Usbeken, Pakistani und Arabern.

Und wie verständigten Sie sich?

Damals hatte ich schon ein paar arabische Sprachkenntnisse, und mit den Usbeken konnte ich mich verständigen, weil sich die tatarische und die usbekische Sprache relativ ähnlich sind. Außerdem beherrschte ich das Englische ein bisschen.

Unter welchen Bedingungen haben Sie das Flüchtlingslager verlassen?

Ich habe es verlassen, als die amerikanischen Truppen einmarschiert sind. Fast ein Jahr lang hatte ich dort gelebt.

Immer in der Hoffnung, in den Süden zu kommen?

Die Situation war folgendermaßen: Im Sommer herrschte dort Bürgerkrieg gegen die Nordallianz. Fünfzig bis hundert Kilometer von Kunduz entfernt verlief die Front, und alle Straßen wurden für die Militärtransporte genutzt. Das heißt, es war völlig unrealistisch für mich, ohne Sprachkenntnisse und noch dazu allein in den Süden zu gelangen. Man sagte mir aber, dass im Winter mit einer gewissen Entspannung der Lage zu rechnen sei. Und ich hoffte, dass sich eine Gruppe von Usbeken oder Arabern finden würde, der ich mich anschließen könnte. Ich hoffte außerdem, dass die Usbeken aus der Islamischen Bewegung Usbekistans mir sozusagen Referenzen mit auf den Weg geben würden für die Taliban, denn ohne Referenzen kam man dort nicht weit.

Haben Sie zu der Zeit gekämpft?

Nein, an Kriegshandlungen war ich nicht beteiligt.

Wie haben Sie von den Ereignissen des 11.9. erfahren?

Durch das Radio.

Wie war Ihre Reaktion?

Das ist schwer zu sagen. Ich habe die Dimension eigentlich nicht begriffen. Das alles war in Amerika, also sehr weit weg von uns, und es war deswegen für mich ein fernes Ereignis, ein Ereignis unter anderen. Ich habe damals überhaupt nicht begriffen, dass dieses Ereignis auch uns betreffen könnte.

Wann haben Sie den Einfluss dieses Ereignisses auf Ihr Leben zuerst bemerkt?

Im Radio gab es Meldungen, die Amerikaner beabsichtigten, Militäroperationen in Afghanistan vorzunehmen. Einen Monat später kam es dann zu den ersten Bombardements …

… und zwar nicht in Unterstützung der Nordallianz. Sie hatten demnach plötzlich zwei Gegner: die Nordallianz, die in Ihnen einen Verbündeten der Taliban sehen musste, und die Amerikaner.

Das eine hatte mit dem anderen wenig zu tun. Die Amerikaner haben einfach ihre Bombardements durchgeführt, hatten aber keine Bodentruppen. Die Angriffe auf dem Boden fanden nur durch die Nordallianz statt.

Was haben Sie von den amerikanischen Bombardierung als Erstes gesehen?

Als Kunduz bombardiert wurde, haben wir davon wenig

mitbekommen, dafür war es zu weit entfernt. Wir haben Explosionen und Einschläge gehört, aber daran gewöhnt man sich in Afghanistan schnell. Unter dem Einfluss der Bombardierungen kam es dann jedoch in Kunduz zu Kundgebungen der Bevölkerung gegen die Taliban. Da haben wir uns alle getrennt, und ich habe mit einer Gruppe von Usbeken das Lager verlassen und bin in ein Dorf weitergezogen. In diesem Dorf haben wir ungefähr vier Bombardements erlebt, weil die Front schon sehr nah bei Kunduz verlief.

Wurde dieses Dorf gezielt bombardiert, weil dort Taliban waren?

Ja, das war gezielt. Die Truppen der Taliban befanden sich zwar nicht direkt im Dorf, aber doch in unmittelbarer Nähe.

Haben Menschen in dem Dorf ihr Leben verloren?

Die Einheimischen hatten das Dorf rechtzeitig verlassen. Von unserer Gruppe sind allerdings ein paar ums Leben gekommen. Als wir mit dem Lkw ins Dorf fuhren, wurde der Wagen getroffen. Der Fahrer ist ums Leben gekommen, und ein paar andere sind teilweise schwer verletzt worden.

Da der Wagen zerbombt war, hätten Sie das Dorf nicht mehr verlassen können, selbst wenn Sie es gewollt hätten?

Doch, aber nur zu Fuß.

Haben Sie das gemacht?

Nein, wir sind einfach zur anderen Seite übergelaufen, haben uns in der ganzen Gruppe ausgeliefert. Wir waren ja keine Militärs.

Wie lief das ab?

Unter uns Flüchtlingen befanden sich einige Mitglieder der Islamischen Bewegung Usbekistans – darunter auch Personen, die noch zur Zeit des Bürgerkriegs in Tadschikistan an Militäroperationen auf der Seite der tadschikischen Opposition beteiligt gewesen waren. Und während des Bürgerkriegs in Tadschikistan war dieser Opposition aus Afghanistan heraus Hilfe geleistet geworden. Die Afghanen hatten Waffen zur Verfügung gestellt, Flüchtlinge aufgenommen und so weiter. Die damals Beteiligten hatten alte Bekannte unter den Leuten der Nordallianz, also unter den Gefolgsleuten von Ahmed Schah Massud. Der war damals schon tot.* Aber diese alten Kontakte zu seinen Leuten wurden jetzt wiederbelebt, weil ja auch afghanische Usbeken in den Reihen der Nordallianz kämpften. Unsere Gruppe, in der es in Afghanistan und in Russland lebende Usbeken gab, wurde also jetzt von den afghanischen Usbeken aufgenommen. Wir gerieten daher nicht in Gefangenschaft, sondern wurden eher gerettet, also unter den Schutz unserer afghanischen Freunde gestellt.

* Ahmed Schah Massud, selbst ein Tadschike, war der afghanische Volksheld im Kampf gegen die Rote Armee und ab 1996 dann der einzige namhafte Gegner der Taliban, gegen die er das Pandschirtal verteidigte. Er fiel am 9. 9. 2001 – zwei Tage vor den Anschlägen des 11. September – einem Attentat zum Opfer, dessen Urheber bis heute unbekannt sind.

Wie groß war Ihre Gruppe?

Wir waren etwa dreißig. Nicht alle Flüchtlinge, mit denen ich in Tadschikistan gewesen war, befanden sich in unserer Gruppe, aber den Gesprächen konnte ich entnehmen, dass auch sie gerettet worden waren.

Was passierte mit Ihnen nach dieser Rettung?

Unsere Wächter, also die afghanischen Usbeken, haben bald gemerkt, dass ich kein Usbeke bin, weil ich die Sprache schlecht sprach. Ich hatte Angst, dass sie mich töten würden, wenn sie erführen, dass ich Russe bin. Deshalb bin ich geflohen. Ich wollte nach Pakistan und dann zurück nach Russland.

Sind Sie allein geflohen?

Ja. Zu Fuß, obwohl ich mich zu der Zeit nicht besonders kräftig fühlte.

Wie weit sind Sie gekommen?

Ich bin eine Nacht gelaufen und habe mich am Tag versteckt, bin noch eine Nacht gelaufen und bin dann, nach etwa dreißig Kilometern, in ein Dorf gekommen. Dort war eine Mühle, und ich habe mich auf Usbekisch an den Müller gewandt, weil ich gehört hatte, dass er Usbekisch sprach. Er hat mir zu essen gegeben.

In dem Dorf gab es aber auch eine bewaffnete Truppe, und denen hat er gemeldet, dass er mich aufgenommen hat. Die sind dann gekommen und haben mich mitgenommen. Ich habe so getan, als sei ich Usbeke, und habe behauptet, dass die usbekische Sprache in Usbekistan von der in Afghanistan einfach sehr verschieden sei, und eine Weile haben sie mir das auch geglaubt.

Dann bin ich aber in ein Haus in einem Nachbardorf gebracht worden, wo gerade eine Versammlung der Rebellenkommandeure stattgefunden hat. Ich habe später erfahren, dass das ein Militärrat war. Als die Taliban in Afghanistan nämlich schon nicht mehr an der Macht waren, kam es zu einem Konflikt unter den Kommandeuren der Nordallianz, und in diesem Rat wollten sie versuchen, ihre Meinungsverschiedenheiten beizulegen.

Ich habe mit den Leuten aus diesem Rat gesprochen und gestanden, dass ich aus Russland komme und Tatare bin. Die Reaktion war anders, als ich erwartet hatte. Sie haben mich einfach als Muslim gesehen und sehr wohlwollend behandelt. Dabei habe ich unter anderem erfahren, dass auch ihre Seite Kriegsgefangene gemacht hatte. Und zwar handelte es sich um Angehörige der ehemaligen sowjetischen Truppen, die inzwischen den islamischen Glauben angenommen hatten. Das Verhältnis der Einheimischen zu diesen Leuten war gut. Einer der Kommandeure hatte Mitleid mit mir, weil es mir gesundheitlich damals schon nicht mehr gut ging. Wie sich später herausstellte, hatte ich Gelbsucht. Er hat mich mitgenommen in ein größeres Dorf, in dem seine Truppe stationiert war.

Dort lebten Sie also unter Angehörigen der Nordallianz. Konnten Sie sich frei bewegen?

Das Dorf, in das mich der Kommandeur brachte, war das Zentrum dieser kleinen Region. Dort hat mich auch ein Arzt behandelt, ich habe Medikamente bekommen und lebte in dem Ort als Gast, in der Kaserne mit den Soldaten. Zu Anfang wurde ich noch etwas kontrolliert, aber dann hatte man sich an meine Anwesenheit gewöhnt, und ich konnte mich im Dorf frei bewegen. Die Soldaten hatten alles in allem Vertrauen zu mir, und ich wurde sogar gebeten, ab und zu die Waffen zu bewachen.

Wie lange haben Sie dort gelebt?

Etwa vier Monate. Der Kommandeur hat mir gesagt: »Ich kann dir helfen, mit Geld oder mit anderen Mitteln, und wenn du willst, kannst du nach Hause oder nach Pakistan. Aber du kannst auch hier bleiben.« Ich wollte am liebsten bleiben. Im März begann dort das Schuljahr, und der Schuldirektor, der sich von meinen entsprechenden Kenntnissen überzeugt hatte, hat mir sogar angeboten, als Mathematiklehrer in der Grundschule arbeiten zu können. Bedingung war nur, dass ich die Sprache besser beherrschte. In den vier Monaten habe ich die persische Sprache Farsi so gut gelernt, dass ich sie fließend sprechen konnte, aber um unterrichten zu können, hätte ich sie noch etwas besser beherrschen müssen. Ich hätte also entweder Soldat bei diesem Kommandeur werden können oder Lehrer an der Schule. Die Amerikaner haben meine Pläne aber dann durchkreuzt.

Und was wären Sie damals, Anfang 2002, lieber geworden, Soldat oder Lehrer?

Lehrer, auf jeden Fall.

Wie sah damals die Situation im Land aus?

Im Norden haben die Kommandeure, die seinerzeit noch gegen die Sowjettruppen gekämpft hatten, den Einmarsch der Amerikaner keineswegs begrüßt, obwohl die Amerikaner ihnen geholfen haben. Als besonders unangenehm wurde empfunden, dass die ehemaligen Führungskräfte des Landes nicht wieder in ihre alten Positionen zurückkehren durften, allen voran der ehemalige Präsident Rabbani. Stattdessen wurde Karsai an die Macht gebracht, der keinerlei Ansehen bei den Kommandeuren genoss.*

Ich habe gehört, dass die Kommandeure der Nordallianz Angehörige der Taliban bei sich versteckt hielten, daneben aber auch Ausländer wie unsere usbekische Gruppe oder Leute wie mich, das heißt, man hat sie alle nicht ausgeliefert. Die Amerikaner haben spezielle afghanische Trupps zusammengestellt und sie auch bezahlt. Ihre Aufgabe sollte es sein, durchs Land zu ziehen, um solche Ausländer zu suchen und sie ›abzukaufen‹.

Von einer solchen Truppe wurde ich dann eines Morgens gefangen genommen. Ich bin gerade in der Moschee gewesen. Diese Leute sind hereingekommen, haben all die Soldaten entwaffnet, die bei mir waren, und mich dann gezielt herausgesucht und mitgenommen. Das heißt, sie wussten, wo ich bin und dass ich Ausländer bin. Es waren auch Amerikaner unter ihnen. Die haben sich aber nicht eingemischt, sondern die Aktion nur überwacht. Der ganze Trupp war in etwa zehn Pkw unterwegs, und in

* Burhanuddin Rabbani war seit Juni 1992 islamistischer Präsident der von den Mudschaheddin geführten Übergangsregierung und blieb es faktisch bis zur Einnahme Kabuls durch die Taliban im September 1996, nominell sogar bis zum Dezember 2001. Aufgrund seiner Allianz mit dem anrüchigen Warlord Gulbuddin Hekmatyar wurde er auf der Petersberger Konferenz durch den für die USA als unbescholten geltenden Hamid Karsai ersetzt.

einem dieser Pkw saßen die Amerikaner, insgesamt fünf Personen.

Die Amerikaner wussten, dass ich vorher mit Usbeken zusammen gelebt hatte, und forderten mich auf, zu sagen, wo sich die Usbeken jetzt aufhielten. Ich habe nichts gesagt. Sie haben mich nach Mazar-e Sharif gebracht, etwa hundert Kilometer entfernt. Ich war dort eine Woche in ihrer Gefangenschaft und musste Beinfesseln tragen. Nach einer Woche wurde ich dann abgeholt.

Wurden Sie in der Zeit verhört?

Ja, von den Amerikanern.

Welche Fragen wurden Ihnen gestellt?

Wer ich sei, woher ich stamme, warum ich nach Afghanistan gekommen sei, welchen von den bekannten Terroristen ich persönlich kennen würde, mit wem ich mich getroffen hätte und so weiter. Aber keiner hat mir meine Geschichte geglaubt. Man hat mir nicht geglaubt, dass ich selbst bloß ein Flüchtling gewesen bin. Stattdessen wurde behauptet, dafür hätte ich zu viel Geld bei mir.

Man drohte mir damit, mich nach Usbekistan auszuliefern. Sie sagten: »Du weißt, was dich dort erwartet, nämlich Folter.« Und sie stellten mich vor die Alternative: Entweder würden sie mich nach Usbekistan ausliefern oder mich mitnehmen, was sie als meine Rettung darstellten.

Damals hatte ich noch meine alten Zahnkronen, nicht diese hier. Die damaligen waren nicht aus massivem Gold, sondern hatten nur eine ganz dünne Beschichtung. Aber ich hatte in Gesprächen mitbekommen, dass die Afghanen hinter diesen Goldkronen her waren. Ich musste fürchten, dass sie deshalb mich töten würden. Damit drohten mir die Amerikaner ebenfalls. Sie sagten, wenn ich nicht kooperierte, dann würden sie mich entweder nach Usbekistan ausliefern oder aber hier lassen, wo ich jederzeit umgebracht werden könnte. Ich habe ihnen aber nichts erzählt.

Es gab unter ihnen einen afghanischen Kommandeur, der Russisch sprach, weil er damals noch in der Sowjetunion studiert hatte. Der hat mir gesagt: »Wir sind gezwungen, dich von den Amerikaner verhören zu lassen, aber wenn wir damit fertig sind, nehme ich dich in meiner Truppe mit.« Darauf habe ich mich verlassen.

Als die Amerikaner mich also vor die Wahl stellten, entweder zu kooperieren oder bei den Afghanen zurückgelassen zu werden, habe ich gesagt: »Dann lasst mich hier.« Aber sie hatten das höchstwahrscheinlich nur als Druckmittel eingesetzt. Im Grunde wollten sie nicht, dass ich in Afghanistan bleibe. Das Ziel der Verhöre in Afghanistan war, mir hinterher einen bestimmten Status geben zu können, mich also nicht als Gefangenen zu erfassen, so dass sie mich in ein besonderes Lager bringen und dort bei ihren weiteren Verhören alle gewünschten Mittel anwenden konnten, darunter auch Folter.

Außer mir gab es noch zwei Gefangene aus Pakistan, die schon ziemlich lange in Haft waren. Sie haben mir erzählt, dass bereits früher Araber und andere Ausländer in Gefangenenlager gebracht worden waren. Dort waren sie im Auftrag der Amerikaner von Afghanen geschlagen und gefoltert worden, um die Fragen der Amerikaner zu beantworten.

Auf mich aber wurden diese physischen Maßnahmen nicht angewendet. Man ging wahrscheinlich davon aus, dass ich nichts Wichtiges wüsste. Eine Woche später hat man mich nach Bagram in der Nähe von Kabul gebracht. Dort fanden auch Verhöre statt. Meine Daten wurden erfasst, aber damals befand ich mich schon unter der Obhut des Roten Kreuzes. Etwa einen Monat war ich in diesem Lager.

In Bagram sind viele Menschen gefoltert worden?

Ich habe gesehen, dass einige damit gefoltert wurden, dass sie nicht schlafen durften. Aber weil es den Häftlingen strikt verboten war, untereinander zu kommunizieren, weiß ich das nicht genau.

Welche Fragen wurden Ihnen in Bagram gestellt?

Sie wussten bereits, dass ich mit Usbeken zusammen gewesen war. Deswegen wurde ich jetzt nur gefragt, was ich über die usbekische Oppositionsbewegung wüsste, über die Islamische Bewegung Usbekistans, über deren Anführer, über die Finanzierung und so weiter. Aber diese Fragen konnte ich auch nicht beantworten.

Hatten Sie das Gefühl, dass die Amerikaner die politische Situation in Tadschikistan, Usbekistan und Afghanistan verstanden?

Das kann ich nicht einschätzen. Die Islamische Bewegung Usbekistans interessierte sie jedenfalls nicht unbedingt. Aber da die usbekische Regierung ihnen einen Militärstützpunkt zur Verfügung gestellt hatte, von dem aus die Bombardements im Norden Afghanistans geflogen wurden, wollten sich die Amerikaner auf diese Weise revanchieren.

Im Lager von Bagram waren Sie einen Monat lang. Wohin hat man Sie anschließend gebracht?

In das Lager von Kandahar.

War Kandahar härter als Bagram?

Die Bedingungen waren vielleicht zum Teil schlechter. Besser war, dass den Häftlingen dort erlaubt wurde, miteinander zu sprechen. Aber die Wächter waren strenger gegenüber den Gefangenen. Später, als ich schon auf Kuba war, habe ich erfahren, dass sich die Situation in Bagram, was das Verhalten der Wachen angeht, inzwischen ebenfalls verschlimmert hatte. Doch als ich da war, ging es noch etwas milder zu.

Wir haben sehr beunruhigende Geschichten über Bagram gehört.

Als die letzten Häftlinge nach Kuba kamen, haben sie erzählt, dass es dort sehr hart gewesen ist.

Mit wem hatten Sie im Lager in Kandahar Kontakt?

Das waren Pakistani, Araber, Tadschiken.

Wurde über Politik geredet?

Nein, wir haben über Dinge gesprochen, die uns unmittelbar betrafen: ob wir ausgeliefert, ob wir irgendwo anders hingebracht werden würden, solche Fragen wurden besprochen.

Womit haben Sie zu der Zeit gerechnet?

Ich wollte über das Rote Kreuz oder irgendwelche amerikanischen Organisationen erreichen, dass ich nicht nach Russland zurückgehen muss, sondern in ein arabisches Land gehen darf.

Hat man Ihnen Hoffnung gemacht, dass das möglich wäre?

Ein Untersuchungsrichter in Bagram hat mich am Ende der Verhöre nach meinen Plänen gefragt. Er wollte wissen, welche Erwartungen, welche Träume ich hätte. Ich habe ihm geantwortet, dass ich in ein arabisches Land auswandern wolle, und er hat mir zugesichert, das weiterzuleiten, aber als Gegenleistung solle ich ihm alles erzählen. Das heißt, sie haben meine Aussagen auch als Druckmittel eingesetzt, woraufhin ich gesagt habe, dass ich bereits alles gesagt hätte, was ich wüsste.

Dieser Richter hat auch versucht, von mir das Eingeständnis zu bekommen, dass ich Russland verlassen hätte, weil die Tataren in Russland als Minderheit unterdrückt würden. Aber diese Aussage habe ich nicht gemacht – zum einen, weil ich damit rechnen musste, wieder zurück nach Russland zu müssen, zum andern aber hätte sie auch nicht der Wahrheit entsprochen.

Als Sie von Bagram nach Kandahar gebracht wurden, müssen Sie doch gedacht haben, dass man Ihnen im Grunde falsche Versprechungen gemacht hatte.

Als wir nach Kandahar gefahren sind, hatte ich immer Angst, die Leute könnten mich auffordern, Russisch zu sprechen. Ich hatte Angst, dass nach meiner möglichen Auslieferung durch die Amerikaner in Russland der Eindruck entstünde, ich sei Terrorist. Es wäre durchaus möglich gewesen, dass man mich dort ohne besondere Untersuchungen eingesperrt hätte. Deswegen wollte ich nicht nach Russland zurück, jedenfalls nicht auf diese Weise.

Wie hatte sich die Lage für Sie in Kandahar verändert gegenüber der in Bagram?

Wie gesagt, das Verhalten der Wächter war schlimmer. Es gab dort Bestrafungen, und das nicht wegen irgendwelcher Regelverstöße. Wenn ein Soldat schlechte Laune hatte, ließ er die einfach an den Häftlingen aus. Solche Bestrafungen bestanden darin, dass man auf den Knien kauern musste, fünfzehn Minuten lang, mit den Händen hinter dem Kopf, und diese fünfzehn Minuten konnten um weitere fünfzehn Minuten verlängert werden, und dann noch einmal, bis zu einer Stunde. Der Boden ist dort durch die Sonne sehr heiß, und es kommt richtig zu Verbrennungen an den Knien, wenn man da so kauern muss.

Welche Regeln hatten Sie im Lager zu befolgen?

Man durfte sich nur in Gruppen von höchstens drei Personen aufhalten. Wenn jemand zum Verhör geholt wurde, mussten die anderen sofort auf die andere Seite der Zelle laufen und sich dort hinknien, mit den Händen hinter dem Kopf. Das war eine sehr große Zelle im Freien, einfach ein Gelände mit Gitterzaun und einem Tor. Und wenn die Wachleute den Eindruck hatten, dass einer nicht schnell genug auf die andere Seite lief, dann wurde die ganze Zelle mit Hinknien bestraft.

Wie lange dauerten die Verhöre?

In Kandahar wurde ich nur einmal verhört. Schlimm war aber vor allem, wie man zu den Verhören gebracht wurde. Man bekam Beinfesseln und Handfesseln angelegt, und man wurde vornüber gebeugt abgeführt, die Hände auf dem Rücken, und wenn man stolperte, konnte man nicht wieder aufstehen, sondern wurde einfach weitergeschleift. Das tat dort, wo die Fesseln ins Fleisch schnitten, wirklich weh. Das waren die Methoden der amerikanischen Soldaten.

Wie lange waren Sie in Kandahar?

Anderthalb Monate.

Und wo kamen Sie dann hin?

Nach Guantánamo.

Wussten Sie in Kandahar, was Guantánamo ist?

Nein.

Hat irgendjemand von den anderen Häftlingen gewusst, wohin man ihn bringen würde?

Man sprach darüber, dass Leute nach Kuba geflogen würden, aber ich habe das nie auf mich bezogen. Ich dachte immer, nach Kuba kämen nur Leute, die ins

Gefängnis geworfen werden. Ich dachte, ich würde eher nach Russland kommen oder man würde mir, wie versprochen, erlauben, in ein anderes islamisches Land zu emigrieren.

Ist von den Amerikanern Geld dafür gezahlt worden, dass man Sie inhaftieren und nach Guantánamo bringen konnte?

Die Amerikaner haben Geld nur an die Bande gezahlt, die mich entführt hat, nicht an die Dorfgemeinschaft, die für meine Unterbringung gesorgt hatte. Wenn es anders gewesen wäre, hätte ich von offizieller Seite aus den Amerikanern übergeben werden müssen. So aber handelte es sich um eine reine Entführung. Sie haben auch den Zeitpunkt dementsprechend genau gewählt: Es war früh am Morgen, und es waren noch nicht viele Leute anwesend. Vielleicht waren drei oder vier Personen im Raum, die man an die Wand gestellt hat, um sie zu entwaffnen, und man hätte sie bestimmt auch erschossen, wenn sie Widerstand geleistet hätten.

Diese Gruppe, die meine Entführung bewerkstelligte, war auch keine reguläre Truppe. Das fiel mir auf, als wir nach Mazar-e Sharif fuhren. Im Auto war ein Fenster offen, und einer der Männer sagte zum andern: »Mach das Fenster zu«, und der andere erwiderte: »Wieso, es ist zu heiß«, und da sagte der erste: »Und was machst du, wenn die Leute uns überfallen? Schießt du dann?« Da war mir klar, dass die Leute in Mazar-e Sharif wissen, dass es solche Banden gibt, die Menschen aus den Häusern, von den Straßen weg entführen und sie den Amerikanern übergeben, um damit Geld zu verdienen. Den Gesprächen meiner Entführer konnte ich auch entnehmen, dass ihre

Gruppe auch schon einmal versucht hatte, solche Gefangenen der Amerikaner wieder zurück zu holen.

Hat man Ihnen gesagt, bevor man Sie ins Flugzeug gesetzt hat, wohin die Reise geht?

Nein.

Wann haben Sie gemerkt, dass Sie auf Kuba sind?

Erst als man uns dort in Empfang genommen hat. Wir mussten zunächst unsere Kleidung abgeben, dann duschen, anschließend hat man unsere Namen notiert, hat Blutproben genommen und uns medizinisch untersucht. Dort ist dann auch ein Russischdolmetscher gewesen, und der hat mir verraten, dass ich auf Kuba bin. Unmittelbar danach bin ich dann auf eine Krankenstation gekommen.

Welche Krankheit hatten Sie?

Gelbsucht.

Haben Sie Medikamente bekommen?

Man hat mir Pillen gegeben und gesagt, das sei prophylaktisch gegen Malaria, und man hat mich auch geröntgt.

Haben die Pillen Wirkungen gezeigt?

Ich habe nichts davon gespürt.

Es gab Häftlinge, die haben nach der Einnahme solcher von den Amerikanern verabreichten Medikamente Wahrnehmungsstörungen gehabt.

Das war bei mir nicht der Fall.

Welche Landschaft erkannten Sie, als Sie landeten?

Ich habe nichts gesehen, wir mussten Kunststoffbrillen tragen, die wir nur im Raum abnehmen durften.

Was war in den Räumen zu sehen?

Das kann ich nicht sagen. Sofort nach dieser medizinischen Untersuchung wurde ich zum Verhör gebracht. Erst später habe ich erfahren, dass der Flug, den ich gerade hinter mir hatte, achtundzwanzig Stunden gedauert hatte. Danach kamen die Dusche, die medizinische Untersuchung und das Verhör – all das, ohne dass ich auch nur einmal kurz hätte schlafen dürfen. Dann kamen noch die Untersuchungsbeamten, und als ich so dasaß und schon einschlafen wollte, kamen die Soldaten rein, haben mich geschüttelt und mich einfach nicht schlafen lassen.

Der Raum war sehr schlicht. Er hatte einen Zementboden, es gab einen Stuhl für denjenigen, der verhört wurde, man hatte Handfesseln und Fußfesseln an, und durch eine Kette war man mit einem Ring im Fußboden verbunden. Dem Gefangenen gegenüber befand sich ein langer Tisch mit vier Stühlen für die Untersuchungsbeamten, und es gab ein schwarzes Fenster an einer Wand, durch das man nur von außen hereinsehen konnte, um den Gefangenen beim Verhör zu beobachten. Außerdem gab es eine Klimaanlage.

Die mal rauf-, mal runtergedreht wurde?

Nein, aber ich habe gehört, dass diese Foltermaßnahme auf andere Häftlinge angewendet wurde. Bei mir funktionierte sie einfach nur wie eine Klimaanlage.

Welchen persönlichen Besitz hatten Sie?

Gar keinen. Ich weiß, dass einige Häftlinge kleine Exemplare des Korans besaßen, und die durften sie auch benutzen. Ich habe gehört, dass alles, was jemand bei sich hatte bei seiner Festnahme, Geld beispielsweise, irgendwo aufbewahrt wurde, aber wo und wie weiß ich nicht. Die Afghanen, die mich entführt hatten, hatten mich, bevor sie mich den Amerikanern übergaben, durchsucht und mich vollkommen geplündert. Nur meine Digitaluhr hatten sie übersehen, weil meine Hände auf dem Rücken gefesselt waren.

Wann haben Sie zum ersten Mal geahnt, dass Ihre Inhaftierung mit dem 11.9. im Zusammenhang stehen könnte?

Ich ahnte das schon länger. Denn noch in Afghanistan hat man mir manches damit erklärt, dass man gegen den Terrorismus kämpfe.

Hat man Ihnen einen orangefarbenen Overall angezogen zu diesem Zeitpunkt?

Ja.

Haben Sie gewusst, dass die orangefarbene Kleidung in Amerika die Häftlingskleidung für Todeskandidaten ist?

Das höre ich von Ihnen zum ersten Mal. Ich dachte, sie sei einfach nur für besonders gefährliche Häftlinge bestimmt.

Für manche Häftlinge, die wussten, dass man in Orange die Todeskandidaten in der »death row« kleidet, war das eine psychologisch belastende Maßnahme, denn eigentlich fühlten sie sich in diesen Kleidern bereits zum Tode verurteilt. Gab es zu dieser Zeit Kommunikation unter den Häftlingen?

Ja.

Worüber konnte man sprechen?

Über alles. Aber wenn jemand etwas geheim halten wollte, dann hat er es nicht ausgesprochen, weil er natürlich Angst hatte, abgehört zu werden. Und wenn man jemanden fragte, aus welchem Grund er hier gelandet war, dann hat der einfach zur Decke gezeigt, das hieß dann: »Allah weiß, warum.« Aber da ich nichts zu verbergen hatte, habe ich über alles gesprochen.

Hatten Sie den Eindruck, dass in dem Lager wirklich Al-Qaida-Mitglieder interniert waren?

Wenn, dann waren es nur sehr wenige. Bei den meisten handelte es sich um Zufallsverhaftungen, und diejenigen, die in Afghanistan Widerstand geleistet haben, sind entweder dort ums Leben gekommen oder dort noch im Lager. Meistens waren das Leute, die nicht mehr gekämpft und dann versucht haben, das Land zu verlassen, was ihnen einfach nicht gelungen ist.

Hatten Sie eine besondere Rolle als Russe unter den Häftlingen?

Eigentlich nicht. Einige waren neugierig, weil sie dachten, dass in Russland noch der Sozialismus herrscht, und sie wunderten sich, dass es auch dort Muslime gibt. Sie konnten sich einfach nicht vorstellen, dass jemand aus Russland ausgerechnet nach Afghanistan gekommen war. Pakistaner und Araber kannten sie, aber keine Russen.

Wie sah die Zelle aus, in die Sie gebracht wurden?

Es war eine Gitterzelle, etwa zweieinhalb Meter lang und anderthalb Meter breit. In unserem Block gab es achtundvierzig Zellen, in zwei Reihen zu vierundzwanzig Einheiten. In der Zelle stand auf einer Seite ein Bett aus Eisen, auf der anderen Seite befand sich ein Klobecken und daneben ein Waschbecken, und auf einer Schmalseite ein Fenster, das etwa die Hälfte der Wand einnahm.

Was sah man durch das Fenster?

Einen Zaun mit einem Netz und dahinter dann das Wachpersonal. Einmal war ich in einer Randzelle untergebracht, da konnte man ein kleines Stückchen Meer sehen, wenn man auf dem Bett stand.

Konnten Sie in der anderen Zelle den Himmel sehen?

Ja, ein wenig.

Und Sie waren immer allein in der Zelle.

Ja, aber mit den Nachbarn konnte man natürlich reden. Es gab ja keine Wände, nur Gitter. Man konnte sogar mit den Leuten im Nebenblock sprechen, aber dafür wurde man bestraft. Man hat es jedoch trotzdem getan.

Wussten Sie, in welcher Richtung Mekka lag?

Ja, in jeder Zelle wurde das durch Pfeile angezeigt.

Hatten Sie einen Teppich, um beten zu können?

Einen Teppich nicht. Es gab eine dünne Matratze oder auch Handtücher.

Hat man Ihre Glaubensausübung respektiert?

Offiziell war es den Wächtern beispielsweise verboten, während des Gebets die Leute zum Verhör zu holen. Aber die Soldaten selbst haben meist mit irgendwelchen Klötzen gegen Eisen geschlagen und während des Gebets Lärm gemacht. Wenn man dann versuchte, sich bei einem Offizier zu beschweren, haben die Soldaten das einfach geleugnet, und sie blieben unbestraft.

Haben Sie von Koranschändungen erfahren oder welche gesehen?

In Kandahar habe ich gehört, dass man den Koran in die Toilette geworfen hat. Und in Guantánamo habe ich gesehen, wie der Koran auf den Boden geworfen und mit Füßen getreten wurde. Das machten meistens die Soldaten, die sich von den Häftlingen irgendwie provoziert oder durch sie beleidigt fühlten. Ein Soldat konnte einfach in eine leere Zelle gehen, wie um sie zu durchsuchen, und dann den Koran auf den Boden schmeißen. Wenn er dann hinterher gefragt wurde, sagte er: »Ich habe die Zelle nur durchsucht, und das Buch ist auf den Boden gefallen.« Dann blieb er unbestraft.

Haben Sie in solchen Augenblicken Hass empfunden?

Einerseits Hass, andererseits Hilflosigkeit, dass man das nicht verhindern kann, denn der Koran ist für uns eine sehr gravierende Sache.

Wie haben sich die Häftlinge dagegen gewehrt? Sie sagten eben, Sie haben mal protestiert …

Es gab schon sehr viele Proteste. Man fing an, gegen die Gitter zu schlagen, zu schreien, man trat in Hungerstreik, und einige versuchten sogar, sich aufzuhängen. Wir haben uns dann entschieden, unsere Bücher zurückzugeben, um so zu verhindern, dass dem Koran etwas geschieht. Daraufhin wurden die Bücher bei all denjenigen, die das wollten, eingesammelt.

In dem Augenblick haben die Soldaten begriffen, dass sie eine Einflussmöglichkeit verloren haben und haben den Koran wieder verteilt, ob man wollte oder nicht. Bei denjenigen, die sich dagegen wehrten, wurde er einfach in die Zelle geworfen oder auf den Rücken des Häftlings gelegt, damit er nicht aufstehen konnte, weil sonst das Buch heruntergefallen wäre. Diese schwierige Situation im Zusammenhang mit der Religion und der Religionsausübung entstand aber erst, als der Leiter des Lagers abgelöst wurde.

Unter dem ersten Leiter – den Namen kenne ich nicht,

das war irgendein General – war die Situation bedeutend milder. Es war den Soldaten selbst dann verboten, den Koran zu durchsuchen, wenn der Verdacht bestand, dass darin etwas versteckt sein könnte. Sie mussten dazu einen Muslim hinzuziehen, und der hat dann das Buch durchsucht.

Dann wurde dieser Leiter von einem General Miller* abgelöst. Durch ihn hat sich die Situation verschärft. Er hat beispielsweise die Regelung eingeführt, dass jeder Soldat den Koran untersuchen durfte oder dass uns sogar die Soldatinnen durchsuchen durften. Dagegen haben wir dann protestiert, doch zunächst vergeblich. Wir mussten erst, unterstützt vom Roten Kreuz, in einen Hungerstreik treten, um uns gegen diese Regelung zu wehren. Unter General Miller herrschte immer eine gespannte Beziehung zwischen den Gefangenen und den Armeeangehörigen. Wir haben uns ständig Sorgen gemacht, was sie sich alles noch würden einfallen lassen.

Nach unseren Recherchen ist der erste Leiter abgelöst worden, weil er zu wenige ›brauchbare‹ Vernehmungsresultate vorweisen konnte. Man hat dann Miller eingesetzt und danach offensichtlich mehr der gewünschten Ergebnisse erzielt. Die sind aber durch Folter zustande gekommen.

Das entspricht meinen Eindrücken.

* Im November 2002 wurde Generalmajor Geoffrey B. Miller zum neuen Kommandanten von Guantánamo ernannt. Miller sorgte für »mehr Spielraum« bei den Verhören. Im September 2003 setzte er diese neuen »extremen« Verhörpraktiken auch im irakischen Gefangenenlager Abu Ghraib durch. Seit März 2004 ist er als Verantwortlicher für »detainee operations« in den Irak abkommandiert.

Haben die Soldatinnen, die weiblichen Wächter, Gewalt ausgeübt?

Keine spezifische, das heißt, es wurde Gewalt von allen Wächtern ausgeübt, und da war es ziemlich egal, ob von Frauen oder Männern.

Welche Formen der Gewalt gab es, außer den bereits genannten?

Also, physische Gewalt ist gegen mich nicht angewendet worden. Es hat andere Maßnahmen gegeben wie etwa Bestrafungen. Beispielsweise hat man im ganzen Block das Wasser abgestellt wegen irgendwelcher Verstöße. Oder man wurde in den Isolierraum, den Karzer, gesteckt. Dort wurde einem alles fortgenommen, und man musste auf dem nackten Eisen schlafen. Einmal habe ich fünfzehn Tage so verbracht. Darum habe ich jetzt noch manchmal Rückenschmerzen.

Wieso wurden Sie bestraft?

Wir hatten einen Streit mit einem Wächter. Ich habe ihn beleidigt. Ich habe einfach die Nerven verloren, ständig im Eisen in diesem Käfig. Aber ich hatte Schuld, das will ich nicht leugnen.

Schuld unter diesen Umständen?

Die Strafe selbst entsprach meiner Schuld nicht.

Wie haben Sie den Wächter beleidigt?

Ich habe ihn beschimpft und mit Wasser begossen.

Wurde Musik eingesetzt?

Nein, über Radio nicht. Einige Wächter haben ihre Recorder mitgebracht und Musik eingeschaltet, auch in der Nacht.

Haben Sie die amerikanische Hymne gehört?

Ja, als General Miller die Leitung übernahm, hat er eingeführt, dass wir sie jeden Morgen als Erstes zu hören bekamen. Wir haben dagegen protestiert, indem wir gegen die Gitterstäbe geschlagen haben. Ein oder zwei Monate später hat man das Abspielen der Hymne wieder abgeschafft, gleichzeitig aber auch die Gebete.

Hat es unterschiedliche Lager gegeben, härtere und weniger harte?

Ja, ein Jahr später, also ab 2003, hat man verschiedene Grade eingeführt, auch innerhalb eines Lagers. In jedem Block herrschten dann unterschiedliche Haftbedingungen. Wenn man also keine Regelverstöße begangen hatte, dann kam man in einen Block ersten Grades, wenn man sich nur ein paarmal hatte etwas zuschulden kommen lassen, kam man in den zweiten Grad und so weiter.

In einem Block ersten Grades durfte man eine Zahnbürste in der Zelle haben, einen Zahnputzbecher, zwei Handtücher. In einem Block letzten Grades durfte man nicht einmal eine Zahnbürste in der Zelle haben. Später wurde noch ein Lager eingerichtet, wo man in Gemeinschaftszellen mit vielen anderen saß. Dort bekam man weiße Kleidung, das war schon so eine Art »Beförderung«. Und die Untersuchungsbeamten konnten Gefangene, die bereits verhört worden waren und die sich keine disziplinären Verstöße hatten zuschulden kommen lassen, dort unterbringen.

Es war immer ein sehr demonstrativer Akt, wenn jemand in dieses Lager verlegt wurde. Man brachte ihm dann die weiße Kleidung. Er zog sich um, dann wurde er durch den ganzen Block geführt, nur mit leichten Handfesseln, ohne Fußfesseln. Auf diese Weise zeigten die Amerikaner den anderen, dass auch ihnen diese Möglichkeit offen stand, und das haben die Gefangenen auch gespürt.

Andersherum war es auch ein demonstrativer Akt, wenn jemand wegen eines Verstoßes aus einem milderen Lager zurück in ein härteres Lager gebracht wurde. Er bekam dann organefarbene Kleidung, dann wurde er auf die Ladefläche des Lasters gesetzt, der für die Häftlingstransporte von einem Block in einen anderen benutzt wurde, und er wurde durchs ganze Lager gefahren, um den Gefangenen zu zeigen, was ihnen blühte, wenn sie sich nicht richtig verhielten.

Wie oft sind Sie in dieser Zeit verhört worden?

Am Anfang drei-, vier- oder fünfmal, von einem normalen militärischen Untersuchungsbeamten. Und am Ende hat mich ein Mensch in Zivil einbestellt, aber der gehörte wahrscheinlich nicht zum System, der war kein Militär. Das sah man auch daran, dass er eine Karte als Passierschein hatte, wahrscheinlich eine Magnetkarte. Wer in dem Lager ständig tätig war, konnte sich überall frei bewegen. Dieser Mann hat mich nicht verhört, das war eher ein Gespräch. Er sagte, Amerika und Russland hätten keine besonders guten Beziehungen, und wenn ich nicht nach Russland zurück wollte, sondern in ein arabisches Land, dann würden sie mir helfen. Damals sprachen wir schon von Saudi-Arabien. Denn es gab dort auch ein Joint Venture, das saudisch-amerikanische Joint Venture einer Erdölfirma, und er hat mir gesagt, dass die mir vielleicht helfen könnten, Arbeit zu finden.

Woher kam dieser Mann?

Das hat er nicht gesagt. Es ist durchaus möglich, dass er vom Sicherheitsdienst kam, entweder von der CIA oder vom FBI.

Hat man versucht, über Sie an Informationen über die anderen Häftlinge zu kommen?

Nein.

Täuscht mich mein Eindruck oder haben Sie wirklich während der Verhöre keine Folter im unmittelbaren Sinne und keine direkte Bedrohung erlebt?

Na ja, nicht ganz, das erste Verhör beispielsweise demonstrierte schon die Methoden: Wir sind achtundzwanzig Stunden geflogen, es folgten die medizinischen und anderen Untersuchungen, dann habe ich noch zwei Stunden auf die Untersuchungsbeamten gewartet, und dann bin ich drei Stunden lang verhört worden. Dieses Verhör bestand darin, dass man mir vorschlug, alles zu erzählen, seit dem Zeitpunkt, als ich die Schule absolviert hatte. Einige Tage später kam ich zum nächsten Verhör.

Da hat mir der Untersuchungsbeamte gesagt, dass ich lügen würde, er hat mir deutlich gezeigt, dass er mir nicht glaubt, hat so getan, als wollte er mich schlagen, hat mich angeschrien und so weiter.

Glauben Sie, die Amerikaner waren wirklich der Meinung, Sie seien gefährlich?

Ich glaube nicht. Eher passte diese Unterstellung den Amerikanern wie den Russen ins politische Konzept.

Haben Sie die Journalisten gesehen, die dieses Lager besucht haben?

Dass das Journalisten sind, wusste ich nicht. Manchmal kamen Leute in Zivil, aber sie haben nicht mit uns gesprochen. Sie sind einfach durch den Block gegangen und haben sich das angeschaut, aber wer das war, weiß ich nicht.

Haben Sie in all der Zeit einen Prozess erwartet?

Ja, ich war mit zwei anderen Russen zusammen in einem Block, und wir hatten die Vorstellung, die wir vor allem aus Filmen gewonnen hatten, dass Amerika eine demokratische Mustergesellschaft ist, wo einem bei der Festnahme sofort die Rechte erklärt werden und man auch einen Rechtsanwalt in Anspruch nehmen kann. Deswegen haben wir sofort gefordert, dass ein Russischdolmetscher zugegen sein soll, und haben gebeten, dass man uns unseren Status erklärt und uns irgendwelche internationalen Dokumente vorlegt, die unsere Rechte und Pflichten beschreiben.

Der Dolmetscher sagte uns, dass er das weiterleiten würde, aber wir haben nichts bekommen. Wir haben uns dann noch mehrmals an ihn gewandt, und die Antwort war immer: »Ich habe das übergeben und kann nicht sagen, warum die Leitung des Lagers Ihnen die Dokumente nicht zur Verfügung stellt.« Auch das Rote Kreuz konnte uns unsere Lage nicht erklären. Sie sagten uns, die Amerikaner hätten selbst ihnen gegenüber keinen Status für uns Häftlinge angegeben. Unsere Lage, unseren Status haben sie mit dem Wort »detainee«, also Häftling, beschrieben. In Russland kann man einen Menschen in den schwersten Fällen höchstens für einen Monat festhalten, und ich galt zwei Jahre lang als »Festgenommener« bei den Amerikanern. Andere, die auch nur als »detainees« galten, wurden sogar noch länger festgehalten.

Haben Sie geahnt, dass sich die Welt für Sie interessiert, oder sind Sie davon ausgegangen, niemand wüsste von Ihrer Existenz und von diesem Lager?

Wir wussten nicht, ob und wie in der Weltöffentlichkeit zu diesem Thema Stellung bezogen wurde. Aber der Einsatz des Roten Kreuzes hat uns zumindest gezeigt, dass es Organisationen gab, die sich für uns interessierten. Informationen haben wir aber nicht bekommen. Selbst vom Roten Kreuz nicht. Dort hat man uns gesagt, das sei ihnen streng verboten. Sobald sie gegen diese Auflagen verstießen, würde man sie auch ausweisen.

Haben Sie Gefangene gesehen, die der Lage psychisch nicht gewachsen waren?

Ja.

Mit welchen Symptomen?

Es gab Leute, die einfach herumsaßen, ohne die geringste Reaktion zu zeigen. Manche zogen sich plötzlich komplett aus und saßen nackt da, ohne auf irgendwas zu reagieren. Ja, an eine solche Person kann ich mich gut erinnern. Es gab auch welche, die so lange mit dem Kopf gegen die Gitterstäbe schlugen, bis sie bluteten. Es gab auch welche, die sich aufzuhängen versuchten. Andere beschimpften Mitgefangene, schrien herum und störten. Ein Mitgefangener ist wohl richtig wahnsinnig geworden. Er hat den Koran genommen und ihn herumgeschmissen, um seine Nachbarn böse zu machen. Wir hatten damals die Vermutung, dass die Untersuchungsbeamten ihn irgendwie dazu verleitet hätten, das zu tun. Also, er wurde verrückt, und dann hat man ihm sozusagen diese Aktion einfach beigebracht. Regelrechte Beweise dafür hatten wir nicht, aber wir gingen davon aus, dass ein Muslim, selbst wenn er wahnsinnig oder verrückt ist, nichts gegen den Koran unternehmen wird.

Gab es Gewalt unter den Häftlingen?

Nein, wir waren dort getrennt, und auch in den anderen Lagerbereichen wäre ein so enger Kontakt unmöglich gewesen.

Welches Bild hatten Sie von den Wächtern, von der Psyche dieser Wächter?

Es gab unter ihnen Menschen, mit denen man sprechen konnte, und es war sogar durchaus angenehm, mit ihnen zu kommunizieren. Aber es gab eben auch weniger angenehme Menschen. Ich weiß von den Wächtern selbst, dass man ihnen ständig Filme gezeigt hat über den 11. September und dass man so ständig versucht hat, sie zu überzeugen, dass wir daran schuld seien, weil wir angeblich geholfen hätten, diesen Anschlag auszuführen.

Bei einigen der Wachen habe ich auch Armbänder gesehen, auf denen stand: Ich gedenke des 11. September. Auf deren Seite herrschte eine ziemlich aggressive Stimmung gegen uns, und es gab Wächter, die uns von vornherein angeschrien haben. Man hatte den Eindruck, dass die Leitung des Lagers verhindern wollte, dass sich irgendwelche menschlichen Beziehungen zwischen den Wächtern und den Häftlingen entwickelten. Für die aufgeschlosseneren Soldaten war es selbst unangenehm, den Koran zu durchsuchen, oder für die Frauen, eine Leibesvisitation vornehmen zu müssen. Aber das hat die Lagerleitung regelrecht so angeordnet.

Haben Sie psychische Veränderungen bei den Wächtern beobachtet?

Würde ich nicht sagen. Aber ich habe gewusst, dass es Wächter gab, die die Situation nicht aushalten konnten. Ich weiß nicht, ob es wahr ist, aber ich habe gehört, dass einer der Wächter sogar zum Islam übergetreten sein soll. Solche Gerüchte hat es gegeben.

Litten Sie unter Depressionen während der Haft?

Ja.

Wie haben sie sich geäußert?

Darin, dass man nichts tun, mit niemandem sprechen wollte. Ich saß einfach da und sah durchs Fenster. Aber die Mitgefangenen halfen einem in solchen Situationen meistens und fanden tröstende Worte.

Gab es Beschäftigungen irgendwelcher Art im Lager, außer dass man verhört wurde?

Man konnte nur auf- und abgehen, sonst gab es keine Beschäftigungen.

Waren Sie jemals versucht, etwas zu gestehen, was Sie gar nicht begangen hatten, nur um sich die Situation zu erleichtern?

Nein, das hat man auch nicht zu erreichen versucht. Wie gesagt, wir haben versucht zu erfahren, wie unser Status aussieht, und etwa nach einem halben Jahr oder mehr hat mir ein Untersuchungsbeamter gesagt: »Du bist ein Terrorist. Wir haben ein Sprichwort: Wenn ein Vogel wie eine Ente quakt, wie eine Ente aussieht und wie eine Ente watschelt, dann ist es eben eine Ente. Und so ist es auch mit den Terroristen.« So hat er es gesagt.

Wie erklären Sie sich selbst Ihre Kraft, diese Haft psychisch zu überstehen?

Also erstens befand ich mich unter Muslimen. Wenn ich mir vorstelle, wie es unter russischen Häftlingen gewesen wäre, dann glaube ich nicht, dass ich das hätte aushalten können. Für uns war das Wichtigste, nicht Selbstmord zu begehen und nicht verrückt zu werden. Die Religion war das Einzige, was uns geholfen hat, das zu überleben.

Sie hatten sehr viel Zeit, sich mit sich selber zu beschäftigen. Worüber haben Sie nachgedacht, welche Bilder haben Sie in Ihrem Kopf aufgerufen?

Es ist schwer, sich daran zu erinnern. Ich habe viel im Koran gelesen während jener Zeit, ich habe meine Religionskenntnisse vertieft. Es gab dort kundige Mithäftlinge unter den Arabern, und so gab es auf diesem Gebiet genug zu tun. Außerdem hoffte ich, dass die Amerikaner ihr Versprechen halten würden und ich anschließend nach meiner Auslieferung in einem arabischen Land Fuß fassen könnte. Ich habe mich an meine Mutter erinnert und Heimweh gehabt nach meinen Verwandten.

Wussten Ihre Verwandten zu diesem Zeitpunkt, wo Sie waren?

Ja, ich hatte Ihnen aus Guantánamo geschrieben, und von da an standen wir in Briefkontakt.

Briefe wurden also ausgeliefert?

Ja, unter dem ersten Lagerkommandanten ging das auch sehr schnell. Innerhalb von achtzehn Tagen hatten meine Verwandten meinen Brief bekommen. Unter General Miller dauerte das mindestens zwei Monate. Es konnte auch drei oder vier Monate dauern. Am Ende hat man die Briefe sogar strategisch benutzt: So haben mir die Untersuchungsbeamten damit gedroht, dass sie keine Briefe mehr zustellen würden, weil ich mich schließlich geweigert hatte, mit ihnen zu sprechen.

Wurden die Briefe kontrolliert, die Sie schrieben?

Ja. Es konnte passieren, dass Stellen geschwärzt wurden: politische Informationen oder Informationen darüber, was auf der Welt passiert. Nur persönliche Informationen durfte man übermitteln.

Auf welche Weise haben Sie erfahren, dass Ihre Zeit in Guantánamo zu Ende geht?

Da muss ich etwas ausholen.

Wir hatten erfahren, dass Russland plötzlich ein Strafverfahren gegen uns eingeleitet hatte und nun gemäß des bilateralen Auslieferungsabkommens mit den USA unsere Auslieferung forderte. Nach einer gewissen Zeit kam eine Delegation aus Russland, und man hat mich verhört. Ich habe damals gesagt, dass ich nicht zurück nach Russland wollte, und man hat mir versprochen, dass ich später in ein anderes Land gehen dürfe. Da in Russland ein Strafverfahren gegen mich eingeleitet worden war, bat ich um politisches Asyl in einem Drittland.

Nachdem die russische Delegation wieder abgereist war, haben mir die Amerikaner gesagt, diesen Weg könne man vielleicht gehen, und man werde das überprüfen. Als aber mein Aufenthalt in Guantánamo weiter andauerte, habe ich meine Meinung geändert und sogar gefordert, mit jemandem aus der russischen Botschaft zu sprechen, ja, ich habe gefordert, zunächst einmal nach Russland abgeschoben zu werden.

Die Präsidentschaftswahlen in Russland, im März 2004, näherten sich, und ich habe auch gefordert, mir die Möglichkeit einzuräumen, an der Wahl teilzunehmen. Dazu sollte jemand aus der Botschaft kommen, um mir zu meinem Wahlrecht zu verhelfen. Ich bin schließlich sogar in den Hungerstreik getreten.

Im Februar, ein paar Tage nach der Abreise der kleinen russischen Delegation hat man uns gesagt: »Wir haben den Entschluss gefasst, Sie nach Russland auszuliefern.« Danach sind wir – also ich und noch ein paar andere Russen – in separate Zellen gebracht worden, denn man wollte verhindern, dass wir uns miteinander besprechen könnten.

Kurz vor der Auslieferung ist es dann zu einem weiteren Vorfall gekommen. Man hatte damals eine Maßnahme eingeführt, dass den Häftlingen in einem Block letzten Grades auch die Hose abgenommen wurde. Sie durften nur kurze Hosen tragen. Und unsere Religion schreibt uns vor, dass beim Beten die Beine wenigsten bis zu den Knien bedeckt sein müssen.

Ich war davon nicht betroffen. Das betraf den Nachbarblock. Aber zur Unterstützung der betroffenen Häftlinge haben wir eine Protestform gewählt, die darin bestand, dass wir unsere Zellen nicht freiwillig verlassen haben, auch nicht, wenn wir zum Verhör gebracht werden sollten und dabei hätten ein bisschen auf- und abgehen können. Die Wächter haben uns dann zwar aus der Zelle herausgeschleppt, und wir haben keinen Widerstand geleistet, aber uns jedes Mal geweigert, selbst zu gehen.

Dann hat man ein fünfköpfiges Kommando geholt, und wir sind aufgefordert worden, uns auf den Zellenfußboden zu legen. Das haben wir getan. Anschließend ist das Kommando hereingekommen, hat uns Hand- und Fußfesseln angelegt, und dann sind wir zum Verhör getragen worden. Zurück sind wir selbst gegangen. Einmal, als ich zu einem Verhör gebracht werden musste und ich mich weigerte, freiwillig zu gehen, hat man mich in den Hof hinausgetragen, mit den Rücken auf den Betonboden geworfen und mich an den Fußfesseln etwa fünfzig Meter weit geschleift. Danach hatte ich auf dem ganzen Rücken große Abschürfungen. Ich weiß nicht, wer dafür verantwortlich war. Aber der Untersuchungsbeamte oder auch die Lagerleitung müssen angeordnet haben, uns Angst einzuflößen. Nachher hat mich ein Wächter, der daran beteiligt war, angesprochen und sich entschuldigt. Er sagte: »Das war ein Befehl.« Diese unangenehme Geschichte hat es gegeben, und die Narben davon habe ich noch heute, und das habe ich mir auch medizinisch attestieren lassen, als ich wieder in Russland war.

Werden Sie versuchen, eine Entschädigung zu bekommen?

Ja, ich habe einem amerikanischen Rechtsanwalt eine Vollmacht ausgestellt, damit er für mich in dieser Sache aktiv werden kann.

Haben Sie Hoffnung, dass Sie irgendwann einmal rehabilitiert und entschädigt werden?

Ja. Die Hoffnung habe ich.

Kehren wir noch einmal zurück zu dem Zeitpunkt, zu dem Sie erfahren, dass Sie womöglich frei kommen und Sie von Ihren Landsleuten isoliert werden. Was geschah als Nächstes?

Zu Anfang waren wir zu dritt. Aber man hatte uns zunächst isoliert, so dass wir nichts voneinander wussten. Dann wurden wir mehrmals verlegt, und schließlich habe ich alle Russen kennen gelernt. Da waren wir zu acht.

Im Flugzeug später waren wir sieben russische Häftlinge. Einer ist in Guantánamo geblieben, und so viel ich weiß, ist er bis jetzt noch dort.

Waren Sie gefesselt im Flugzeug?

Ja.

Gab es dafür irgendeine Erklärung?

Ja, dass wir nicht entlassen, sondern nach Russland ausgeliefert würden. Wir hatten alle Hand- und Fußfesseln, und auf dem Flughafen hier in Moskau, in Scheremetjewo, kam es zu einer seltsamen Situation. Wir wurden von Vertretern des russischen Justizministeriums in Empfang genommen, und nachdem alle nötigen Papiere ausgefüllt worden waren, hat man den Amerikanern gesagt: »Nehmt ihnen die Fesseln ab.« Doch die Amerikaner sagten: »Nein. Zuerst legt ihr ihnen eure Fesseln an, dann nehmen wir ihnen unsere Fesseln ab.« Und so wurde es dann schließlich auch gemacht. Die Russen hatten nur leichte Handfesseln mit, und die Amerikaner wollten wissen, warum sie keine Fußfesseln dabei hätten. Sogar die russischen Wächter haben sich darüber lustig gemacht.

Wo hat man Sie dann hingebracht?

Danach hat man uns zu einem anderen Moskauer Flughafen gefahren, nach Wnukowo, und von dort wurden wir mit dem Flugzeug in die Region Stawropol gebracht, genauer: in die Stadt Pjatigorsk. Da gibt es eine Abteilung der Generalstaatsanwaltschaft, die sich speziell mit terroristischen Verbrechen befasst, weil der Kaukasus in der Nähe ist und auch Tschetschenien. Diese Untersuchungsrichter befassten sich nun auch mit unseren Fällen.

Die konnten sich doch eigentlich nicht für den Fall des 11.9. interessieren oder für Al Qaida, das hatten die Amerikaner ja bereits getan ...

Uns wurde die Mitgliedschaft in einer terroristischen Vereinigung vorgeworfen, weil die Taliban von der UNO als eine verbrecherische Organisation eingeschätzt wird. Das war der schlimmste Vorwurf. Außerdem wurde uns vorgeworfen, dass wir ohne Erlaubnis russischer Behörden an Kriegshandlungen teilgenommen hätten, dass wir also als bezahlte Rebellen, als Söldner gekämpft und die Grenze unrechtmäßig überquert hätten. Die Vorwürfe der Mitgliedschaft in einer verbrecherischen Organisation und der Teilnahme an Kampfhandlungen als Söldner konnten nicht aufrechterhalten werden. Was das unrechtmäßige Überqueren der Grenze angeht, so gilt das laut russischem Strafgesetzbuch als minderschweres Vergehen. Deswegen wurde das Strafverfahren eingestellt. Immerhin waren ja auch inzwischen schon drei oder vier Jahr vergangen.

Wie lange hat es gedauert, bis es zu diesem Spruch gekommen ist?

Vier Monate.

Hatten Sie das Gefühl, wieder in einem Rechtsstaat zu sein?

(Lange Pause) Ja. Seitens der Vertreter der Regierung oder des Sicherheitsdienstes haben wir dann später erfahren, dass uns die Amerikaner unter der Bedingung ausgeliefert haben, dass wir in Russland als Mitglieder der Terrororganisation Al Qaida eingesperrt werden. Russland fühlt sich aber nicht verpflichtet, irgendwelche Anweisungen der Amerikaner zu befolgen. Hätten sich jedoch deren Anschuldigungen als wahr herausgestellt, dann hätten die Russen wohl auch getan, was die Amerikaner wollten. Aber da war ja nichts zu beweisen. Ganz offiziell, im Namen der russischen Regierung, wurde uns dann mitgeteilt, dass Russland uns nichts vorzuwerfen habe, und wenn wir weiter als gesetzestreue Bürger leben und weiterhin gegen keine Gesetze verstoßen würden, dann werde man uns auch nicht verfolgen.

Wie lange sind Sie jetzt in Freiheit?

Neun Monate war ich in Freiheit, und dann wurde ich, aufgrund einer falschen Beschuldigung, wieder verhaftet. Ein halbes Jahr habe ich in Haft verbracht, dann hat ein Geschworenengericht entschieden, mich wieder freizulassen.

Was war das für eine Beschuldigung?

In der Stadt in Tatarstan, wo ich wohnte, explodierte eine Gaspipeline. Zuerst hat man gesagt, dass es ein technischer Unfall gewesen sei, aber dann hat der föderale Sicherheitsdienst in Tatarstan eine Untersuchung angeordnet, und die Ermittler haben behauptet, es hätte sich um einen Terroranschlag gehandelt. Daraufhin wurden drei Leute verhaftet: ich, Herr Gumarow, den Sie auch kennen, und noch ein Freund von ihm. Man hat uns gefoltert und geschlagen, und ich habe die Vermutung, dass das im Auftrag der amerikanischen Seite geschah, in Tatarstan ist der Einfluss der Amerikaner nämlich erheblich. Außerdem ähnelt die Situation dort der im Kaukasus. Es gibt dort separatistische Bestrebungen, die sich für ein selbstständiges Tatarstan stark machen. Deswegen glaube ich, dass wir im Auftrag der Amerikaner verhaftet wurden, denn die Russen wussten von Anfang an, dass ich mit dieser Explosion nichts zu tun habe. Und ich bin mir fast hundertprozentig sicher, dass die Explosion ein rein technischer Unfall war. Zwar bin ich wieder auf freien Fuß gesetzt worden, aber die Staatsanwaltschaft in Tatarstan hat Berufung eingelegt. Das heißt, es kann gut sein, dass der bestehende Gerichtsbeschluss noch revidiert wird.

Wann ist die Wiederaufnahme dieses Verfahrens?

Wann diese Berufung verhandelt wird, weiß ich nicht – im Laufe eines Monats vielleicht oder zweier. Wenn die terroristischen Anschuldigungen für nichtig erklärt werden, wären wir anschließend völlig frei. Doch es gibt auch die Möglichkeit, dass das erste Urteil kassiert wird, dass man den Beschluss des Geschworenengerichts für nichtig erklärt und wir wieder vor das Gericht in Tatarstan gestellt werden.

In der Presse gab es eine Mitteilung, dass irgendeine Person festgenommen wurde, die diesen Anschlag gestanden haben soll. Die Journalisten bezweifeln aber, dass die Aussagen wahr sind, und sie beziehen sich auf unseren Fall. Vielleicht hat ja der angebliche Täter dieses Geständnis nicht freiwillig abgelegt und etwas gestanden, was er in Wirklichkeit nicht gemacht hat.

Können Sie sich im Augenblick frei bewegen?

Ja. Jetzt schon, aber ich habe gewisse Befürchtungen, deswegen versuche ich, nicht nach Tatarstan zu kommen. Ich möchte nach Sibirien zurückgehen, wo ich vorher gelebt habe.

Fühlen Sie sich im Augenblick bedroht?

(Zögert) Nein ... Nach den Erfahrungen eines Freundes von uns wissen wir, dass er hier in Moskau vom tatarischen Sicherheitsdienst entführt wurde. Zuletzt musste er auf freien Fuß gesetzt und sein Aufenthaltsort preisgegeben werden, nur weil seine Freunde hier es geschafft haben, die Presse, das Radio anzusprechen und diesen Fall öffentlich zu machen. Und deswegen versuchen wir untereinander immer, in Kontakt zu bleiben, wir versuchen immer, unseren Moskauer Bekannten zu sagen, wo wir sind und wohin wir gehen, damit man eine Sicherheit hat und nicht einfach verloren gehen kann.

Was haben Sie nach Ihrer Entlassung gemacht? Womit haben Sie sich die Zeit vertrieben, worauf hatten Sie Lust?

Ich habe mich medizinisch behandeln lassen, ich habe einen Zahnarzt besucht, mir fehlten schon viele Zähne. Ich habe geheiratet. Ich habe auch versucht, Arbeit zu finden, aber eine feste Anstellung habe ich nicht gefunden. Ich habe Gelegenheitsarbeiten gemacht. Und als ich wieder verhaftet worden bin, war ich gerade als Wächter in einer Moschee tätig.

Merkt Ihre Frau etwas von den Folgen Ihrer Zeit in Guantánamo?

Was meinen Sie?

Der Druck, der auf Ihnen gelastet hat, die Veränderung der Psyche, Angstzustände, Schlaflosigkeit ...

Nein.

Planen Sie ernsthaft, zurück nach Sibirien zu gehen?

Ja, wenn es gut ausgeht, wenn das Oberste Gericht das Urteil des tatarischen Gerichts bestätigt. Wenn alles gut geht, will ich nach Sibirien gehen, und wenn solche Fälle sich wiederholen, werde ich wahrscheinlich das Land verlassen.

Wenn alles gut ginge, wo, in welcher Position sähen Sie sich dann in zwei Jahren?

Wir haben gerade ein Kind bekommen, eine Tochter, vielleicht bekommen wir noch mehr Kinder. Ich möchte einfach eine Arbeitsstelle finden und weiter leben. Vielleicht werde ich auch politisch tätig werden, weil ich mich jetzt mit vielen Menschen treffe, die unzufrieden sind.

In welche Richtung würde dieses politische Engagement gehen?

Das wäre die Beteiligung an einer politischen Bewegung, eher auf der linken Seite.

Sie sind ein kenntnisreicher Mann. Können Sie sich vorstellen, als Lehrer zu arbeiten?

Ich habe keine spezielle pädagogische Ausbildung, um hier oder in anderen Ländern tätig zu sein, auch wenn das etwa in Afghanistan gar nicht unbedingt nötig wäre. Ich bin Fachmann für Erdölverarbeitung und hoffe, dass ich in diesem Spezialgebiet tätig sein kann.

Wenn Sie das Land verlassen müssten, wohin würden Sie dann gehen?

Wohin ich kann. Ich würde selbstverständlich ein muslimisches Land bevorzugen, aber vielleicht würde ich auch nach Europa gehen.

Sind Freundschaften geblieben zu Häftlingen im Lager?

Ja, hier in Russland, in unserer russischen Gruppe, haben wir Kontakte, zu den anderen habe ich keine. Gute Erinnerungen an die Mitgefangenen habe ich auf jeden Fall, aber die Möglichkeit, diese Kontakte zu pflegen, habe ich nicht.

Wie alt sind Sie heute?

Ich bin jetzt dreißig Jahre alt.

Ravil Gumarow

Ravil Gumarow ist ein 43-jähriger Tatare und ehemaliger Unternehmer. Er ging nach Afghanistan auf der Suche nach einem Ort, an dem er seinen Glauben besser praktizieren könnte als in Russland. Verletzt überlebte er das berüchtigte Massaker von Mazar-e Sharif und kam nach Guantánamo. Auch nach seiner Entlassung ist er von den russischen Behörden schikaniert und verhaftet worden. In dem Gespräch, das in Russland geführt wurde, kommentiert Ravil Gumarow seine Leidensgeschichte stellenweise mit eigenem, fatalistischem Humor.

Eben haben Sie auf meine Begrüßung mit »very good« geantwortet. Beherrschen Sie das Englische ein wenig?

Auf dem Niveau der fünften Klasse könnte ich mich schon verständigen. Ich war im Jahr 1985 in Deutschland, und da habe ich Englisch gesprochen.

Wo haben Sie im Jahr 2000 gewohnt?

In Tatarstan.

Sie sind also auch Tatare, wie unser anderer russischer Gesprächspartner. Kannten Sie sich?

Nein.

Sie haben sich im Lager kennen gelernt?

Ja, in Guantánamo.

Im Jahr 2000 waren Sie also noch in Ihrer tatarischen Heimat. Welchen Beruf hatten Sie?

Ich war Unternehmer.

Haben Sie international gearbeitet?

Nein, nur in Russland.

Haben Sie Familie?

Ja.

Kinder?

Vier.

Und die waren alle vier im Jahre 2000 schon geboren?

Nein, erst drei.

Hatten Sie ein gutes Auskommen in Ihrer Heimat, konnten Sie ein gutes Leben führen?

Relativ. Nach den Explosionen in Moskau*, nach den Terroranschlägen, begannen schon die Verfolgungen.

* Im August und September 1999 kam es in Moskau zu drei Bombenattentaten, zwei davon auf Wohnhäuser, ein weiteres auf ein Einkaufszentrum. Über 200 Menschen kamen ums Leben, mehr als 400 wurden

Warum waren Sie Ziel dieser Verfolgungen?

Ich war ein aktiver Muslim.

Waren Sie politisch engagiert?

Eigentlich nicht. Ich habe nur alle Muslime unterstützt.

Gab es schon vor den Anschlägen eine antimuslimische Stimmung in Russland?

Eigentlich nicht. Der Krieg in Tschetschenien galt damals als Bürgerkrieg. Nach den Terroranschlägen verschärfte sich das Klima, und das Ziel dieser Ausbrüche waren die einfachen Muslime.

War das eine Stimmung des russischen Volkes gegen die Muslime oder eher eine von der Regierung gelenkte Stimmung?

Ich würde sagen, das war schon eine Art antiislamische Propaganda.

Wie in so vielen Ländern weltweit ...

Ja, die Terroranschläge werden immer mit dem Islam verbunden.

Wo waren Sie, als die Terroranschläge in Moskau stattfanden?

verletzt. Die öffentliche Schuldzuweisung richtete sich umgehend auf die »Terroristen« in Tschetschenien und Dagestan.

In der Stadt Nabereschnyje Tschelny in Tatarstan.

In welcher Form haben Sie die antiislamischen Ressentiments kennen gelernt?

Meine Wohnung wurde durchsucht.

Wurde Druck auf Ihre Familie ausgeübt?

Druck nicht, aber es ist auf jeden Fall unangenehm, wenn jemand die Wohnung durchsucht. Ich war damals, als das passierte, gar nicht zu Hause …

War der Druck so, dass Sie erwogen haben, ins Exil zu gehen, das Land zu verlassen?

Ich habe überlegt, dass meine Familie in einem islamischen Land besser leben würde.

Und in welches Land wären Sie gezogen, wenn Sie frei hätten wählen dürfen?

In jedes islamische Land. Aber zuerst hätte man sich ansehen müssen, wie man da lebt.

Als Sie selber Ihre Heimat verließen, taten Sie das, um zu sehen, wo Sie mit Ihrer Familie hinziehen könnten?

Ja.

Welches war die erste Station?

Tadschikistan.

Was haben Sie dort gemacht?

Der Krieg war zu Ende, man hatte ein Waffenstillstandsabkommen geschlossen und sich darauf verständigt, dass die Hälfte des Landes muslimisch bleibt.

Also wäre Tadschikistan zur Hälfte ein muslimischer Staat.

Ja, der Staat blieb vereint, aber die Macht hat man territorial geteilt. Es gab Gebiete, wo die muslimische Strömung stärker ausgeprägt war als in den anderen.

Wie lange waren Sie in Tadschikistan?

Mai, Juni und Juli. Im August 2000 war ich schon in Afghanistan.

Haben Sie gedacht, Tadschikistan wäre ein Land, in dem Sie leben könnten, etwa in einem der muslimischen Gebiete, wo Sie Ihre Familie mit hinnehmen könnten?

Nein. Ich war sehr überrascht von der Armut. Es gab auch keine Arbeit. Und über die Geschäftstätigkeit konnte man dort auch kaum sprechen. Aber ich habe erfahren, dass es eine Region gibt, namens Kuljab im Gebirge, wo die Gesetze der Scharia gelten, und dort könne man sich mit der Landwirtschaft befassen und ein Haus kaufen.

Und sind Sie nach Kuljab gegangen?

Ja, zu Fuß, über das Gebirge, und in einem Ort bin ich dann von Bewaffneten aufgehalten worden.

Waren Sie allein?

Nein, wir waren eine ganze Gruppe, aber wir hatten keine Waffen.

Waren Sie alle Muslime?

Ja.

Und wer hat Sie aufgehalten?

Später hat sich herausgestellt, dass es die IDU war, also die Islamische Bewegung Usbekistans.

Die ja eigentlich keine Gegner waren.

Nein, eigentlich überhaupt nicht! Aber sie sagten uns, das sei hier alles ihr Territorium, stünde unter ihrer Kontrolle, und wir könnten nicht weiter.

Mit welcher Begründung?

Sie wollten, dass jemand von ihrem Oberkommando diese Entscheidung fällt. Sie sagten auch, dass es gefährlich sei.

Sind Sie gefangen genommen worden?

Nein. Man hat uns einfach gebeten: »Wartet hier, bitte.«

Wie lange mussten Sie warten?

Etwa einen Monat. Zu uns kamen immer wieder Leute, die uns besuchten und uns fragten: »Was wollt ihr in Kuljab? Das ist doch gar kein rein islamisches Gebiet. Aber wenn ihr echte Muslime seid und ein islamisches Land sucht, dann können wir euch helfen.«

Das heißt, es gab ein politisches Interesse?

Ja, man hat uns gesagt, wenn wir nach einem islamischen Staat suchen, dann bietet sich doch Afghanistan an: ein echter islamischer Staat, wie ein Kalifat.

Und dann haben Sie nach einem Monat aufgegeben, weil Sie gemerkt haben, dass Sie die Passierscheine nicht bekommen würden?

Man hat uns einen Vorschlag gemacht, zu dem wir einfach nicht nein sagen konnten. Es kam ein großer Lkw, wir wurden aufgeladen, und der fuhr uns hinunter in eine andere Provinz, und dann wurden wir mit dem Hubschrauber nach Afghanistan gebracht.

Wer hat das bezahlt?

Niemand. Wir jedenfalls nicht. Das war der Sicherheitsdienst der tadschikischen Regierung. Sie haben die Flüchtlinge aus Tadschikistan nach Afghanistan rübergebracht. Ich glaube, da war auch ein UNO-Vertreter dabei, wenigstens sah man die Autos mit dem UNO-Zeichen, Begleitung und alles mögliche.

Die Gruppe ist geschlossen geblieben?

Ja.

Hat man Ihnen gesagt, wohin in Afghanistan man Sie fliegt?

Nein.

Und wohin kamen Sie?

Unweit von Kunduz. Die Stadt lag bereits auf der anderen Seite des Flusses. Aber was heißt unweit in diesen Verhältnissen! Also etwa einen Tag mit dem Auto, vielleicht.

Also irgendwo in der Wildnis. Was fanden Sie dort vor?

Da war einfach Wüste. Keinerlei Lager. Man hat uns einfach ausgesetzt. In der Nähe befand sich aber ein Dorf. Zu dem sind wir zu Fuß gegangen. Dann hat man sich per Funk in Verbindung gesetzt, und dann sind Leute gekommen, von der Islamischen Bewegung Usbekistans, die uns abholen mussten. Man hat uns in einen Lkw gesetzt und nach Kunduz gebracht.

Wenn Sie einen Wagen mit einem UN-Aufkleber sehen und Sie auf diesem Wege in ein fremdes Land gebracht werden, rechnen Sie damit, dass Sie in einer Wüste landen, wo sich niemand mehr um Sie kümmert?

Eigentlich sollten wir dort wohl abgeholt werden. Da gab es vielleicht irgendein Missverständnis, was das Ziel der Landung anbelangt. Bemerkenswert fand ich, dass ich alle Papiere dabei hatte, meinen russischen Inlandspass, meinen Reisepass – aber keiner hat nach irgendwas gefragt.

Und in dem Dorf sind Sie wie lange geblieben, bevor Sie nach Kunduz kamen?

Nicht lange, so etwa drei oder vier Stunden. Man wollte für uns ein Schaf zubereiten, aber dafür fehlte dann die Zeit.

Wie groß war die Gruppe?

Die Gruppe war recht groß. Unsere ursprüngliche Gruppe war nur ein Teil davon. Die meisten waren Usbeken.

Können Sie schätzen, wie groß die Gruppe war?

Dreißig Personen ungefähr.

War Kunduz zu der Zeit eine umkämpfte Stadt?

Nein, überhaupt nicht. Das war am 6. August 2000, als wir über die Grenze nach Kunduz gebracht wurden, und Kunduz war damals eine offene Stadt. Da haben wir eine Weile gelebt. Die Usbeken sagten uns, dass wir nicht auf die Straße gehen sollten, weil unsere Bärte noch zu kurz seien und unsere Kleidung nicht den lokalen Gebräuchen entspräche.

Da Sie nicht auf die Straße durften, wo haben Sie sich aufgehalten?

In einer Art Hotel oder Gästehaus. Das Haus war umzäunt, und wir durften das umzäunte Territorium nicht verlassen. Da gab es bloß einen Brunnen im Hof.

Und nach einiger Zeit waren die Bärte lang genug, und ich nehme an, dann gab es die richtigen Kleider. Konnten Sie sich dann frei bewegen?

Nein, wir sind dort nicht rausgegangen, weil es nicht so ganz erlaubt war, außerdem konnte ich ja die Sprache nicht.

Nach Kunduz hätten Sie Ihre Familie nicht nachholen wollen?

Nein.

Was waren Ihre Pläne dort?

Wir wollten uns andere Städte anschauen, Kabul zum Beispiel, oder noch weiterziehen, nach Pakistan vielleicht, da gibt's auch eine Straße über die Grenze. Aber dann wurden wir nach Kabul eingeladen, und Ende August flogen wir hin.

Wer flog Sie?

Das war ein altes sowjetisches Flugzeug, zu dem wir gebracht und von dem wir auch wieder abgeholt wurden.

Wer hatte Interesse daran, dass Sie Ihr »Gästehaus« verlassen?

Wir selbst haben darum gebeten, mit den Kommandeuren zu reden und sie zu fragen, warum wir in Kunduz aufgehalten werden, und sie hatten nichts dagegen, dass wir uns einfach Kabul anschauen wollten, um zu sehen, wie es da wohl ist. Als wir in Kabul ankamen, wurden wir auch in einem Hotel untergebracht, und nach einer gewissen Zeit kam ein anderer Kommandeur mit ein paar Leuten, der uns sagte, dass sie unsere Gastgeber seien, die uns abholen wollten. Sie sagten: »Wir freuen uns, euch hier begrüßen zu können, aber wir sind von der Taliban-Regierung beauftragt, alle, die aus Russland kommen, zu überprüfen, ob sie irgendwelchen Sicherheitsdiensten angehören.«

Waren Sie zum ersten Mal in Afghanistan?

Ja.

War es schwierig für Sie, als jemand, der aus einem Land kam, das einmal Krieg gegen die Afghanen geführt hatte?

Nein. Die waren nur überrascht, dass es russische Muslime überhaupt gab. Wir sind einmal in der Woche in eine Moschee gegangen, freitags. Unsere Papiere hatten wir dem usbekischen Sicherheitsdienst übergeben. Die sagten, sie würden das überprüfen.

Wurde Kabul umkämpft zu der Zeit?

Ja, etwa hundert Kilometer von Kabul entfernt gab es einen Flugplatz, und da gab es eine Verteidigungslinie. Wir hatten viele Gespräche mit den Leuten vom Sicherheitsdienst, und die machten uns den Vorschlag, kämpfen zu gehen. Ich habe mich geweigert. Ich habe gesagt, mein Ziel sei es, hier zu leben, meine Familie mitzubringen, ein Geschäft aufzubauen. Kämpfen war nicht mein Ziel. Danach wurde ich eingesperrt.

Das heißt, die Taliban haben erst die Überprüfung durchgeführt und dann die Überprüfung dazu genutzt, um Sie letztlich als Soldat anzuwerben?

Nein, das waren nicht einmal die Taliban, das waren die Usbeken, die haben sozusagen eine russische Mentalität. Die Usbeken sehen grundsätzlich in jedem Menschen einen Spion, die Taliban sind da anders.

Warum hatten die Usbeken soviel Macht in Afghanistan, dass sie jemanden inhaftieren konnten?

Sie hatten von den Taliban den Auftrag, diejenigen zu überprüfen, die aus Russland kommen. Denn die Usbeken stammen auch aus dem Gebiet der ehemaligen Sowjetunion.

Sie wurden mit dem Verdacht verhaftet, Spion zu sein?

Ja, mir wurde vorgeworfen, dass ich mit dem KGB oder dem föderalen Sicherheitsdienst zusammenarbeiten würde.

Ist es zu einem Prozess gekommen?

Nein, ich saß sieben Monate im Gefängnis, und dann wurde ich auf freien Fuß gesetzt, blieb aber unter Aufsicht.

Wusste Ihre Familie in der Zeit, wo Sie sind?

Für meine Familie galt ich als verschollen.

Wer war noch in dem Gefängnis, in dem Sie festgehalten wurden?

Die Usbeken aus meiner ehemaligen Gruppe waren auch dort, denn Usbeken mussten natürlich auch überprüft werden. Wir saßen aber jeder in einer Einzelzelle, glaube ich. So war es jedenfalls in meinem Fall.

Wer hat Sie verhört?

Jemand, der aus Taschkent stammt, der Hauptstadt von Usbekistan, er war gebildet, hatte gute Russischkenntnisse. Er hat meine Personalien aufgeschrieben, notiert, wer ich bin, woher ich stamme und so weiter.

Warum braucht man sieben Monate für diese wenigen Informationen?

Na ja, gut, die Entfernungen sind groß, die Informationen müssen nicht nur zusammengetragen, sondern auch noch überprüft werden. Das wenigstens haben sie behauptet. Ich weiß es nicht.

Sie kamen dann auf freien Fuß. Wurde begründet, warum Sie freigelassen wurden?

Man sagte, es sei alles okay, ich solle aber hier bleiben. Zum Wohnen gab es da eine Garage, und die Papiere habe ich zu dem Zeitpunkt noch nicht zurückbekommen.

Wie wurde diese Einschränkung Ihrer Bewegungsfreiheit begründet?

Die sagten: »Bleib bei uns, mit uns hast du es einfacher, du kennst die Sprache nicht, und du kennst die hiesigen Bräuche nicht.«

Also blieben Sie in Kabul?

Ja, in der Garage. Freitags durfte ich frei in die Moschee gehen, besondere Einschränkungen gab es da nicht. Damals habe ich zu Hause angerufen. Ein Jahr war inzwischen vergangen, sogar mehr als ein Jahr.

Hat Ihre Familie geglaubt, dass Sie noch leben?

Sie hatten die Hoffnung noch nicht verloren. Aber ich habe nicht viel gesagt, ich habe nur gefragt, ob inzwischen unser Kind geboren worden sei. Man hat mir gesagt, dass es ein Sohn ist, der vierte Sohn. Da habe ich mich entschlossen, zurück nach Hause zu gehen.

Konnten Sie sich frei bewegen in Kabul? Oder sind Sie nur zwischen der Garage und der Moschee hin- und hergelaufen?

Ich konnte mich relativ frei bewegen. Es ist ja sehr schwer, irgendwohin zu gehen, wenn man die Sprache nicht kann, da muss unbedingt jemand mitkommen, der sie beherrscht, etwa, wenn ich auf den Markt gehen wollte.

Um wieder nach Hause zu können, mussten Sie nun warten, bis Sie Ihre Papiere zurückbekamen?

Ja. Man brauchte dazu eine Erlaubnis, das heißt, man musste sich mit dem Kommandeur treffen, und da der ein großer Mann dort war, musste man auf solch ein Treffen lange warten. Er ist viel durch Afghanistan gefahren, war dauernd unterwegs, deshalb musste ich auf meinen Termin lange warten.

Wie lange haben Sie warten müssen?

Das weiß ich nicht mehr genau, aber irgendwann hat man mir dann doch einen Termin zugesagt.

Nach Monaten?

Nein, ungefähr nach einem Monat. Und ich habe ihm gesagt, dass ich nach Hause möchte und dass ich darum bitte, mir meine Papiere zurückzugeben, und er sagte: »Über diese Frage kann ich nicht allein entscheiden.« Jetzt zogen aber die meisten seiner Leute in den Norden, zurück nach Kunduz, und er hat mir vorgeschlagen, dass ich nach Kunduz mitfahre und dass wir uns dann dort treffen, um die Frage endgültig zu klären. Ich fuhr also mit nach Kunduz. Es war schon August und damit also fast ein Jahr vergangen, seitdem ich Kunduz verlassen hatte.

Wir sind im Jahr 2001?

Ja, im August 2001 kam ich zurück nach Kunduz. Und ich habe auf den neuen Termin mit dem Kommandanten gewartet. Doch bevor es zu einem Treffen kam, ereigneten sich die Anschläge des 11. September.

Wo haben Sie von den Anschlägen erfahren?

In Kunduz im Radio.

Wie war die Reaktion?

Ich bin ja gegen alle diese Terroraktionen, und ich dachte,

das ist etwas, was ich gar nicht verstehe, denn wem soll so etwas nützen, den Taliban doch bestimmt nicht.

Auf welchem Weg haben Sie erfahren, dass die amerikanische Regierung sofort auf antimuslimische Vergeltung aus war?

Auch über Radio, und als das bekannt wurde, haben alle darüber geschrien. Ich hatte kein großes Interesse an der Weltpolitik.

Hat man in Kunduz erwartet, dass die Amerikaner militärisch gegen Afghanistan vorgehen würden? Afghanistan war ja eigentlich nicht das plausibelste Land. Immerhin stand auf den Fahndungslisten nach dem 11.9. kein einziger Afghane.

Ja, aber man hat darüber gesprochen, dass Osama Bin Laden sich in Afghanistan befindet.

Insofern haben Sie nach dem 11.9. damit gerechnet, dass es einen Militärschlag gegen Afghanistan geben würde?

Im Prinzip habe ich das schon für möglich gehalten.

Und wie ging es nun in Ihren persönlichen Angelegenheiten weiter?

Ich habe auf den Kommandanten gewartet. Als wir uns dann trafen, sagte er: »Deinem Antrag wird stattgegeben, ich werde veranlassen, dass du deine Papiere zurückbekommst.« Auf die Papiere habe ich dann lange gewartet.

Flüge gab es schon nicht mehr. Denn die Amerikaner hatten bereits den Flughafen zerbombt.

Also die Papiere sollten nicht nach Kunduz kommen, sondern Sie sollten zu Ihren Papieren wieder nach Kabul zurückfahren?

Nein, nein, die wurden schon nach Kunduz gebracht. Es war nur so, dass mir bloß der Führerschein und der Inlandspass gebracht wurden, aber der Reisepass war vergessen worden. Also habe ich auch noch auf den Reisepass warten müssen. Dann begann der Angriff der Nordallianz. Die Amerikaner haben gebombt aus einer Höhe von acht Kilometern, und die Truppen der Nordallianz begannen, auf dem Boden vorzurücken, denn die Amerikaner führen ja selbst keinen Bodenkrieg.

Die Taliban haben sich dann von der tadschikischen Grenze zurückgezogen, was bedeutete, dass ich schon wieder nicht zurück nach Tadschikistan konnte. Also blieb ich in Kunduz. Dann wurde Kunduz eingekesselt, und um diese Zeit eroberte General Dostum* Mazar-e Sharif. Die Taliban versuchten eine Vereinbarung mit ihm zu erzielen, die Flüchtlinge, also uns, in den Süden freizulassen.

* Abddul Rashid Dostum ist eine der schillerndsten und auch abstoßendsten Figuren der jüngeren afghanischen Geschichte. Berüchtigt wegen seiner Grausamkeit, kämpfte der usbekische General erst mit den sowjetischen Truppen gegen die Mudschaheddin, später mit den Mudschaheddin gegen die Regierungsarmee, verbündete sich mit den Taliban gegen die Nordallianz und zuletzt mit der Nordallianz gegen die Taliban. Sein Einmarsch in Kabul im April 1992 war eine einzige Mord- und Vergewaltigungsorgie. In der Nordregion rings um Mazar-e Sharif etablierte er zeitweise einen unabhängigen »Privatstaat«. Im Juni 2002 avancierte er zu einem der vier Stellvertreter von Präsident Karsai, seit letztem Jahr ist er Stabschef der afghanischen Armee.

Eines Tages kam plötzlich der Befehl zur Abreise. Wir zwängten uns alle auf Lkw, dicht an dicht, wie Heringe in einem Fass. Das war ungefähr am 26. November, vielleicht einen Tag früher oder später. Am 22. November habe ich Geburtstag, und das war ein paar Tage später. Wir fuhren also los, nach Mazar-e Sharif, vier große Lkw. In Mazar-e Sharif wurden wir gefilmt, und der Kommentar dazu lautete: Die Taliban ergeben sich.

Wer hat Sie gefilmt?

Das waren die internationalen Korrespondenten, die Journalisten. Also: Die Taliban ergeben sich, und man sieht, wie wir auf den großen Lkw durch Mazar-e Sharif fahren. Wir wurden dann in die Festung gebracht.

Was ist das für eine Festung?

Sie heißt Qala Jangi* – übersetzt: eiserne Festung – und befindet sich am Stadtrand, ein ziemlich großes Gelände,

* Nach der Eroberung von Kunduz wurden die gefangenen Taliban sowie ihre tatsächlichen oder vermeintlichen Sympathisanten aus Tschetschenien, Usbekistan und den arabischen Ländern in die Festung Qala Jangi bei Mazar-e Sharif abtransportiert, wo amerikanische »Experten« mutmaßliche »Terroristen« aussortieren sollten. Ende November 2001 kam es dort zu einer dreitägigen Häftlingsrevolte, die durch Dostums Truppen mit Hilfe alliierter Luftangriffe blutig niedergeschlagen wurde. Die letzten Aufständischen ergaben sich erst, als die Kellergewölbe teils mit brennendem Benzin, teils mit Eiswasser geflutet wurden. Schätzungen zufolge haben bei diesem Massaker bis zu 600 Menschen ihr Leben verloren. Viele der Überlebenden wurden beim Weitertransport in luftdichte Container gesteckt, wo sie qualvoll erstickten oder verdursteten. Inwieweit die amerikanische Armee diesen Gräueln hätte Einhalt gebieten können, ist umstritten.

mit Böschungen, und in der Mitte befinden sich die Gebäude. Unten gibt es die Luftschutzbunker.

Und Dostum persönlich war da?

Ja, sowohl die Amerikaner als auch Dostum persönlich. Ich wusste damals aber noch nicht, dass das Amerikaner waren. Es war schon ziemlich spät am Abend, und wir wurden alle in den Keller getrieben, im Laufschritt.

Sind Sie verhört worden?

Nein, nein, dafür war es zu spät, wir wurden einfach in den Keller getrieben. Da gab es Pakistani, Usbeken, Tadschiken und wohl auch Araber. Am nächsten Tag begann man, uns einzeln rauszuführen. Mich holte man am Nachmittag. Mir wurden meine Papiere abgenommen, mein silberner Ring, meine Sportschuhe, mir wurden die Hände hinter dem Rücken zusammengebunden, und dann wurde ich auf den Platz hinausgeführt. Auf dem Platz sah ich reihenweise Menschen, die knieten – Araber, Tadschiken, Pakistaner, Usbeken, also alle, die in den Kellern gewesen waren –, und in den Kellern blieben noch etwa hundert Menschen. Ich musste mich ebenfalls hinknien.

Dann kam jemand zu mir und sprach mich in fließendem Russisch an und fragte nach meinem Namen und Vornamen. Das wurde auch gefilmt. Ich dachte, es würde sich um Russen handeln, irgendwelche russischen Truppen. Aber General Dostum stammt ja selber aus Usbekistan, und er ist ehemaliger Kommunist. Also die Amerikaner haben ihn bezahlt, und er ist gekommen.

Nach mir wurden noch etwa fünf Personen aus dem Keller herausgeführt, und dann hörte ich, wie ein Schuss fiel, und dann noch einer und noch einer. Es war eine richtige Schießerei. Ich weiß nicht, von wo und auf wen geschossen wurde. Ich warf mich sofort auf den Bauch. Meine Hände waren auf dem Rücken gefesselt, aber ich konnte die Fesseln lösen. Zwei anderen Leuten konnte ich auch noch helfen, sich zu befreien, die sind geflohen. Neben mir lag ein Tadschike, achtzehn oder neunzehn Jahre alt. Man hatte ihm ein Bein durchschossen und in die Hände getroffen. Er begann sofort zu frieren. Ich habe seine Hände von den Fesseln befreit.

Dann sah ich, wie ein paar Leute mit gefesselten Händen auf einen Amerikaner zuliefen. Er zog eine Pistole und schoss denen in die Köpfe. Es war furchtbar. Und während ich noch dabei war, den Menschen die Fesseln abzunehmen und dem Tadschiken auch die Beine versorgt habe, wurde ich selbst von einem Schuss in beide Beine getroffen.

Sie konnten sich also kaum mehr bewegen.

Ich konnte kriechen.

Wohin sind Sie gekrochen?

Zuerst einmal dachte ich, es ist aus mit mir, wenn sich die Blutung nicht stoppen lässt. Ich hörte auch schon irgendwelche Geräusche im Kopf, aber dann normalisierte sich mein Zustand. Da kroch ich dann in Richtung Keller. Ich war gerade bis zum Eingang gekommen, als von oben eine Bombe fiel. Dann wurde ich hochgehoben und reingetragen.

Von anderen Häftlingen?

Ja, von denjenigen, die schon im Keller Schutz gesucht hatten. Sie hatten sogar Waffen, die sie den Dostum-Soldaten abgenommen hatten.

Aber wenn Dostum und die Amerikaner gemeinsame Sache gemacht haben, und dann wird das Gefängnis bombardiert, dann haben die Amerikaner ja im Grunde ihre eigenen Leute bombardiert?

Nein, die Dostum-Leute sind sofort geflohen, ebenso wie die Amerikaner. Sie haben auch Waffen dort liegen lassen. Es kam wirklich zu einem Blutbad. Diejenigen, die in der Festung geblieben sind, die hatten vielleicht ein oder zwei Maschinengewehre für hundert Personen. Es gab immer mehr Verwundete, und die wurden in den Keller gebracht. Da habe ich ein Tuch gefunden, mir damit die Beine verbunden. Wasser gab es nicht in dieser Nacht. Das war vielleicht auch besser so, weil das Blut durch Wasser dünner wird. Drei Tage wurde gekämpft.

Mit ein paar Gewehren auf Ihrer Seite. Womit kämpften die anderen?

Die haben Geschütze eingesetzt, Kanonen. Diejenigen, die noch oben waren und gehen konnten, sind auch in den Keller gekommen. Das Gelände wurde sehr lange beschossen. Im Keller war es dunkel, deswegen konnte man den Tag schlecht von der Nacht unterscheiden, aber ich glaube, das Geschützfeuer dauerte wohl zwölf Stunden. Ich dachte, dass der Bunker dem nicht standhalten und dass die Decke einstürzen würde. Die Leute, die danach nach draußen gegangen sind, haben erzählt, dass das ganze Gelände voller lastwagengroßer Krater sei.

Nach dieser Bombardierung haben sich sechs oder acht Araber, die noch gehen konnten, aus dem Bunker rausgetraut. Die haben wir nie mehr gesehen. Im Bombenbunker blieben nur Verwundete. Es gab nur noch ein Maschinengewehr, das kaum funktionstüchtig war.

Am nächsten Morgen wurden dann von den Belagerern Granaten in die Fenster geworfen. Anschließend hat man Benzin hineingegossen und es angezündet. Wir haben alles getan, damit es nicht explodieren konnte. Wir warfen uns auf den Fußboden und taten alles, was uns möglich war.

Irgendwann zogen sich die Angreifer zurück. Diejenigen, die sich noch irgendwie fortbewegen konnten, schlichen sich nachts zu den Bombenkratern und holten Wasser, weil wir ja nichts zu trinken hatten. Für jeden gab es zwei oder drei Schluck. Insgesamt waren wir fünf oder sechs Tage in diesem Keller.

Dann, eines Morgens, lief plötzlich Wasser in den Keller. Man hatte einen Bach umgeleitet und in den Keller geführt. Der war sehr bald voll mit Wasser, das stand uns bis zum Hals. Die ganze Zeit über hat niemand versucht, uns zur Aufgabe zu überreden oder überhaupt mit uns zu verhandeln, sondern man wollte uns einfach vernichten, damit keine Zeugen am Leben blieben.

Wie ging es Ihren Beinen?

Der eine Knochen ist heil geblieben, der andere ist durchschossen worden. Man hat mir geholfen, damit ich nicht ertrinke. Außerdem gab es da eine Tür mit einem Fenster, man hat die Fensterscheiben herausgeschlagen, und ich habe mich einfach auf den Sims gesetzt. Viele Verwundete, nämlich diejenigen, die nicht aufstehen konnten, sind ertrunken.

Es waren gegen sechshundert Menschen in die Festung gebracht worden, würde ich schätzen: jedenfalls waren es vier große Lkw, dicht gedrängt voll mit Gefangenen. Und herausgekommen aus dem Keller sind nur sechzig Menschen.

Man hat mich auf eine Trage gelegt und in irgendeine Stadt gebracht, deren Name mir entfallen ist. Das geschah auch unter dem Kommando von General Dostum. Und ich habe selbst beobachtet, dass da ein Gefangener ein paar Tage in einem Korridor auf einer Trage lag, der starb dann und wurde rausgetragen. Ich habe da auch eine gewisse Zeit gelegen, dann ist jemand gekommen und hat sich um mich gekümmert, man hat mir auch meine Wunden am Bein verbunden, aber nur notdürftig. Ich hatte Schwellungen an den Beinen. Zwei Wochen später wurde ich in ein so genanntes Notlazarett gebracht. Dort lag ich eine Woche, und dann kamen die Vertreter der Roten Kreuzes.

Alles noch unter der Verantwortung von Dostum?

Ja, aber da liefen auch andere Leute rum, sowohl Amerikaner als auch vom Roten Kreuz.

Und wer hat die Festung bombardiert und beschossen?

In Guantánamo habe ich eine Videoaufnahme von diesen Ereignissen gesehen. Da sieht man auch Amerikaner, die in einem Lkw ankommen und zu schießen beginnen. Also, die waren auch da. Ich glaube, das ist ein Militärverbrechen. Dafür muss Amerika Verantwortung tragen.

Ein Massaker?

Ja, man hat einfach unbewaffnete Menschen umgebracht. Wir leben im 21. Jahrhundert, da gibt es internationale Konventionen. Und was die Plünderungen anbelangt, zu denen kam es auch mit Duldung der Amerikaner. Man hat uns bewusst General Dostum übergeben, um selber dann keine Verantwortung tragen zu müssen. Geld, Uhr, Dokumente – das ist mir alles genommen worden. Als ich dann bei den Amerikanern landete, hatte ich nur noch das Krankenhaushemd, das ich auf dem Leib trug. Es ist natürlich viel einfacher, an die Dostum-Leute Gefangene zu übergeben, dann braucht man nichts mehr zu kontrollieren und macht sich nicht die Finger schmutzig.

Sie sind jetzt also in dem Krankenhaus in dem kleinen Ort, und das Rote Kreuz ist da…

Ja, aber in dieser Festung Qala Jangi, von der ich erzählt habe, da war das Rote Kreuz auch. Die Kämpfe haben lange gedauert, und es hat sich herumgesprochen, dass irgendetwas dort vor sich geht. Hätten wir keinen Widerstand geleistet, wären wir wohl einfach erschossen worden, und keiner hätte davon erfahren. Aber da die Kämpfe so lange anhielten, haben die Menschen davon erfahren und sind dort hingefahren, ohne zu wissen, wer da überhaupt gegen wen kämpft. Man war mit einem Mal interessiert zu wissen, was da überhaupt passierte. Deswegen war das Rote Kreuz schon anwesend, als wir aus dem Keller kamen.

Ich bin dann in diesem kleinen Ort zum ersten Mal operiert worden. Man hat die Eiterschwellungen geöffnet. Es verging dann eine ganze Zeit. Silvester kam. Das war nun schon das Jahr 2002. Und irgendwann tauchten Amerikaner auf, ich wurde auf eine Trage gelegt, mir wurden Hände und Beine zusammengebunden, auch die Decke um mich herum wurde mit Klebeband zusammengebunden. Und dann stülpten sie mir noch einen Sack über den Kopf.

Die Beine waren nicht verheilt zu diesem Zeitpunkt?

Selbstverständlich nicht. Ich wurde in einen Lkw gelegt und zum Flughafen gebracht.

Waren Sie der einzige aus dem Krankenhaus, mit dem so verfahren wurde?

Nein, wir waren viele. Ich kenne auch andere Fälle. Da gab's vierzehn Verwundete aus Usbekistan, die sind überhaupt verschollen. Soviel ich weiß, wurden sie an Usbekistan ausgeliefert.

Ist von den Amerikanern Geld gezahlt worden für die einzelnen Häftlinge, für Sie zum Beispiel?

Ja, höchstwahrscheinlich. Ich habe sogar Äußerungen gehört wie: »Sucht nicht mehr nach Pakistanern, wir haben schon zuviel davon.« Ausländer wie Russen und Araber standen dagegen noch ziemlich hoch im Kurs. Dostum hatte seine eigenen Lager, und da wurden auch Leute ausgewählt.

Also hat Dostum vermutlich Häftlinge an die Amerikaner verkauft?

Ja. Die Amerikaner haben keinen Bodenkrieg geführt und selbst auch keine Gefangenen genommen. Ich war ja nicht unmittelbar dabei, man hat mir aber auf Kuba erzählt, dass die Amerikaner die Nordallianz dafür bezahlt haben, aufs Schlachtfeld zu ziehen. Die Kämpfer der Nordallianz haben Gefangene gemacht, die dann sortiert und an die Amerikaner verkauft.

Von dem kleinen Ort aus, wo ich medizinisch behandelt worden war, wurde ich in den Süden gebracht.

In einem Flugzeug?

Ja. Dort gab es ein großes Lager. Es sind dort wirklich unglaubliche Dinge geschehen. Es gibt ja Menschen mit sehr unterschiedlichen Charakteren. Sehr viel hängt vom Einzelnen ab. Es gibt normale Amerikaner, und es gibt auch unnormale Amerikaner, wie in jedem Volk.

Man hat uns zum Beispiel in einem großen Hangar ausgeladen. Unsere Augen waren verbunden. Man hat die Trage, auf der ich lag, hoch gehoben und einfach fallen lassen. Man hat mich im Lager von Kandahar untergebracht, hat mir die Beine verbunden, doch die Knochen ragten damals heraus. Und als die Verbände gewechselt worden sind, hat ein Militär mit einer Pistole vor mir gestanden und das observiert.

Ich bekam eine Blutvergiftung, die Knochen begannen zu faulen, und ich wurde nach Guantánamo ausgeflogen. Ich gehörte zur zweiten Lieferung sozusagen.

Sie waren also schwer krank und hatten keine medizinische Versorgung?

Ja, es fehlten einfach die Mittel. Was ich gebraucht hätte, wäre eine Operation gewesen. Aber wenn man immer nur verbunden wird, das reicht natürlich nicht aus.

Hat man Ihnen erklärt, wohin man Sie bringen wollte?

Nein, das konnte ich nur vermuten.

Wusste man in dem Lager in Kandahar von Guantánamo?

Man wusste, dass man auf amerikanisches Territorium gebracht werden sollte, wenn man orangefarbene Kleidung bekam. Man hat uns umgezogen, die Hände gefesselt, man hat uns blickdichte Brillen aufgesetzt, die Ohren mit einer Art Kopfhörer bedeckt und dann auf den Boden des Flughafens gelegt. In der Nacht ist das Flugzeug gekommen. Man hat die Flugzeuge meistens nachts beladen. Es gab spezielle Tragen für den Transport mit dem Flugzeug. Auf die hat man uns draufgelegt, mit festgeschnallten Beinen. Dann ging es ab ins Flugzeug – und los. Wir flogen ziemlich lange. Es gab eine Zwischenlandung. Es war ziemlich kalt. Obwohl ich Fieber hatte, fror ich ständig.

Waren alle Gefangene in dem Flugzeug krank?

Nein, es gab zwar viele Kranke, die an diesem Tag mitgenommen wurden, aber das Flugzeug war groß. Das erste, was ich auf Kuba hörte, war das Rasseln der Ketten. Ich konnte ja nach wie vor nichts sehen. (Lacht) Ich dachte, ich wäre in einer Schmiede gelandet, wo man in Eisenfesseln geschlagen wird. Dann hat man sich uns angeschaut, hat uns rasiert, gewaschen, man hat uns die orangefarbenen Overalls angezogen. Dann bin ich auf der Trage in die Zelle gebracht worden.

Haben Sie die Tatsache, dass Sie rasiert wurden, als Akt der Aggression gegen den muslimischen Glauben gewertet?

Das hat man uns mit den Geboten der Hygiene erklärt, und das war ja auch nicht erst in Guantánamo geschehen, sondern bereits in Kandahar. Ich habe auch überhaupt nicht daran gedacht, mich dagegen zu wehren. Ich habe nur noch daran gedacht, vor dem Schlafen zu beten. Ich war zu schwach, um mich zu wehren.

Was war das Erste, das Sie sahen, als man Ihnen die Binde abgenommen hatte?

Als man uns die Augenbinden abnahm, sagte man zu uns: »Ihr befindet euch auf dem Territorium der Vereinigten Staaten.«

Aber Sie wussten nicht wo?

Nein. Nach all den Prozeduren schlug man mir vor, eine Postkarte nach Hause zu schreiben, aber ich hatte zuerst Angst, das zu tun, weil ich dachte, dann würde es dort zu Verfolgungen kommen und auch meine Angehörigen könnten in Gefangenschaft geraten. Am selben Abend bin ich zu einer Untersuchung gefahren worden. Dort hat man mir gesagt: »Du brauchst eine Operation.« Dolmetscher gab es damals noch nicht. Wir haben uns mit Zeichen verständigt und mit unserem Schulenglisch auf dem Niveau der fünften Klasse.

Dann konnte man Sie auch nicht verhören …

Man hatte mich noch in Kandahar verhört. In Guantánamo hat man mich zunächst nur gefragt, wer ich bin und woher ich stamme. Ich wurde angeschrien: »Halt den Mund, du lügst«, und so weiter, aber ich war in einem

Zustand, dass mir alles ziemlich egal war. Angst hatte ich jedenfalls nicht.

Dann hat man Ihnen gesagt, dass Sie operiert werden müssten…

Ja, ich habe das so verstanden, habe mich einverstanden erklärt, und der junge Arzt war sogar froh. Soweit ich es verstanden habe, war er noch gar nicht voll ausgebildet. Es gab auf Guantánamo einen Arzt höheren Grades, einen Militärarzt, und diesen jungen Assistenzarzt, und der hat sich die Hände gerieben. (Lacht) Lebendes Material, damit kann man arbeiten, hat er sich wahrscheinlich gedacht.

Die Krankenstation war einfach ein Zelt unter freiem Himmel. Eines Tages wurde ich in die Militärbasis gebracht zum Röntgen, dann in ein anderes Spital, das auch nur aus einem Zelt bestand. Man hat mich dort unter Betäubung operiert und mir dabei auch einen Finger entfernt. Ich hatte ein Loch in der Hand, der Knochen war gebrochen, die Nerven waren durchschnitten, die Sehnen gerissen, und jedes Gefühl war weg.

Das war auch noch eine Folge des Massakers in der Festung?

Ja. Die Verletzung war nicht rechtzeitig behandelt worden, und so ist es zu Wundbrand gekommen. Der Knochen hat sich schließlich einfach aufgelöst. Nach einer gewissen Zeit wurde ich also operiert, unter Vollnarkose. Die Operation dauerte lange. Zuerst wurde nur die Hand operiert. Dann auch das Bein. Beide Knochen wurden entfernt. Im Spital – das ist ein interessantes Detail – liefen zwar Ärzte herum, aber auch Soldaten, die gewissermaßen als deren Praktikanten agierten. Mir hat beispielsweise ein Soldat am Arm einen Katheter legen wollen, und er hat drei Versuche gemacht, und dann hat das der Arzt übernehmen müssen.

In Jordanien haben wir einen Häftling aus Guantánamo interviewt, der uns sagte: »An uns ist immer nur experimentiert worden.«

Na gut, Experimente waren das nicht. Er hat bloß geübt. Also, die Venen sind bei mir alle kaum noch ergiebig. Einen Katheter muss man eigentlich alle drei Tage ersetzen. Aber in meinem Fall war es schon unmöglich, einen Katheter zu setzen. Man hat es also hier in der Handvene versucht. Dieser Katheter wurde schließlich gar nicht mehr ersetzt, sondern nur noch sauber gemacht. Der Arzt kam jeden Tag, hat mich untersucht und hat sich die Hand angeschaut, was schwierig war, weil wir alle gefesselt dalagen.

Obwohl die Hand durchschossen und verbunden worden war, musste sie noch gefesselt werden?

Ja, und die Beine auch. Bei mir waren beide Beine verwundet, und ein Bein musste dennoch an das Klappbett angeschnallt werden. Und es gab den ganzen Tag nichts zu tun. Ich beschwerte mich irgendwann darüber, weil sich die Muskeln wegen der mangelnden Bewegung zurückzubilden begannen. Ich versuchte, die Hand hoch zu heben, aber der Arm fiel einfach nach unten. Nachdem ich mich mehrmals beschwert hatte, kamen die so genannten Sportärzte. Es gab eine Ärztin namens Scott, mit der wir fast befreundet waren. Ich habe zu ihr gesagt: »I like sport.« (Lacht) Man hat uns dann mit Übungsgeräten versorgt, mit Gummibändern zum Beispiel, um die Muskeln zu trainieren. Ich habe dann auch wieder gehen gelernt, und zum Verhör bin ich in einen Rollstuhl gesetzt worden. In den Verhören haben sie versucht, uns Angst einzuflößen. Es hieß: »Du wirst hier gut versorgt. Aber wenn du nicht alles erzählt, kann das auch anders werden.« Oder es wurde damit gedroht, dass man mich nach Russland ausliefern würde.

War der Kommandeur Miller bei diesen Verhören zugegen?

Er selbst nicht.

Von wem wurden Sie verhört?

Wie die Leute hießen, weiß ich nicht mehr. Sie wurden ständig abgelöst.

Waren das Experten oder wieder Leute, die nur übten?

Das waren einfach Menschen, die ihre Befehle ausführten. Man hatte ihnen Fragebögen gegeben. Im Laufe von zwei Jahren sind alle dort erfassten Fragen gestellt worden, und zwar immer dieselben, nur in anderer Reihenfolge. Und dann sind die Fragebögen irgendwohin in eine Zentrale geschickt worden, und die Analysten haben damit gearbeitet.

Und waren in dem Fall die Dolmetscher gut? Sie können ja etwas Englisch…

Ja, das waren gute Dolmetscher. Es waren auch einige Russen darunter, die aus Russland ausgewandert waren und jetzt in der amerikanischen Armee dienen.

Hat sich Ihr Bein in der Zeit erholt?

Am linken Fuß war der Verband in den Muskel eingewachsen, und jetzt sind alle Zehen krumm. Das rechte Bein ist erst zwei Jahre später in Russland verheilt. Erst dann hat sich die Wunde geschlossen. Nachdem es dort zu einer Blutvergiftung gekommen war, waren die Zellen ziemlich zerstört.

Sind Sie in Russland noch einmal operiert worden?

Nein.

Wie lange waren Sie auf der Krankenstation?

Ungefähr drei Monate. Im Mai wurde ein neues Lager* eingerichtet, und da habe ich das Spital auf eigenen Wunsch verlassen, weil ich nicht mehr länger liegen konnte.

Haben Sie in der Zeit Medikamente bekommen? Auch solche, von denen Sie nicht wussten, was sie bewirken würden?

Das kann ich nicht genau sagen. Ich lag am Tropf gegen

* Gemeint ist das Camp Delta mit zunächst 612 Zellen. Am 28. April 2002 wurden die ersten 300 Gefangenen aus dem zu klein gewordenen und in Verruf geratenen Camp X-Ray dorthin verlegt; Camp X-Ray wurde tags darauf geschlossen.

die Blutvergiftung, außerdem habe ich Bluttransfusionen bekommen.

Haben Sie Malariaprophylaxe bekommen?

Ja, gegen Malaria, gegen Tuberkulose, obwohl ich keine Tuberkulose gehabt habe. Es gab eine ganze Hand voll Tabletten. Die Araber haben gesagt: »Ja, die Russen, die können alles vertragen.«

Haben Sie je Wahrnehmungsveränderungen erlebt nach den Tabletten?

Nein. Tabletten sind einfach schlecht verträglich, aber das ist immer so.

Wie wurden Sie ernährt in dem Krankenlager?

Genauso wie die anderen. Es gab Reis, Gemüse, Fleisch und auch vegetarische Kost.

Wurde respektiert, dass Sie kein Schweinefleisch essen?

Ja. Der Mullah hat uns besucht und gesagt, dass es sich bei dem Fleisch um reines Fleisch handelt.

Haben Sie Vitamine bekommen?

Weiß ich nicht. (Lacht) Ich habe versucht, immer so wenig Tabletten wie möglich zu nehmen. Die Tuberkulosetabletten waren eine Ausnahme. Man hatte mir gesagt, bei Tuberkulose bekommt man eigentlich irgendwelche Flecken, aber die Symptome kenne ich nicht genau und kann das selber nicht beurteilen. Das Klima in Kuba ist feucht durch das Meer, und wenn es irgendwelche Anzeichen von Tuberkulose geben sollte, dann will ich mich lieber behandeln lassen. Deswegen habe ich dieses Medikament auch genommen.

Was gab es zu trinken?

Wasser, normales Wasser.

Sonst nichts?

Im Spital haben wir nichts Heißes bekommen, weil das gefährlich gewesen wäre. Da war einmal ein Arzt übergossen worden. Deshalb lagen wir ja auch gefesselt da. Also, es gab nur kaltes Wasser im Spital, und es war auch ständig die Klimaanlage an.

Haben Sie denn jemals beobachtet, dass einer der Kranken aggressiv geworden wäre?

So etwas gab es auch. Leute, die sich weigerten, zu essen, wurden dann über einen Schlauch in die Nase zwangsernährt. Ein Nachbar von mir hat sich geweigert, Spritzen zu bekommen. Diese Leute, die rebellierten, wurden dann von den anderen getrennt. Sie kamen in einen anderen Bereich, wurden dort mit Plastikriemen ans Bett gefesselt, und dann verabreichte man ihnen die Spritzen. Zuerst versuchte der Arzt, den Kranken zu überreden, wenn das nichts nützte, wurden die Wächter geholt, um eine Zwangsmaßnahme zu ergreifen.

Wenn die Menschen sich weigern, werden sie eben gezwungen zu tun, was man von ihnen verlangt.

Mit Gewalt?

Also, man tut, was man tun muss.

Wo hat man Sie hingebracht, nachdem Sie darauf bestanden, aus dem Spital entlassen zu werden, weil Sie nicht mehr liegen konnten?

Ins Camp B, wenn ich mich nicht irre. Das war das Lager, das im Mai in Betrieb genommen wurde.

Für Rekonvaleszenten?

Nein, das war ein gewöhnliches Lager. Mich hat da nur der Arzt besucht, der mir die Verbände gewechselt hat. Dazu musste ich das Bein durch das Gitter strecken. Ich habe das dann irgendwann selber gemacht, weil es wirklich ziemlich unbequem war, ein Bein durch das Gitter zu strecken, während man auf dem anderen balanciert.

Hatte Ihre Zelle feste Wände, nicht nur Gitterstäbe?

Es gab nur eine feste Wand mit einem Fenster. Links und rechts waren Gitterstäbe. Ein Bett aus Eisen, Waschbecken und Toilette.

Und die Zellen der anderen waren unmittelbar daneben?

Ja, ich konnte sogar eine Hand rüberstrecken. Und vorne gab es den Korridor, einen oder anderthalb Meter breit, und auf der anderen Seiten lagen ebenfalls Zellen. Achtundvierzig Personen befanden sich in einem Block. Aber das war schon der neue Block. Im ersten Block war es anders, da war alles aus Beton. Man hatte einen Schiffscontainer dort hingestellt, aber mit Wärmedämmung. Ich bin selber Monteur, deswegen kenne ich mich aus in diesen Sachen.

Warum ist der Arzt nicht in die Zelle gekommen, um das Bein zu verbinden? Hat er Angst gehabt?

Wir sind ja Terroristen. (Lacht) Wir hätten ihm die Augen ausstechen können. Man hat uns auch keine Kugelschreiber gegeben. Man hat uns nur die Minen der Kugelschreiber gegeben, und die waren weich, also ungefährlich. Und wenn man fertig mit Schreiben war, hat man sie zurückgegeben.

Paranoia?

Ja, Paranoia. Aber die waren so eingestellt. Die Wächter wurden auch ständig abgelöst, und einige kamen mit zitternden Händen herein. Man hatte sie davon überzeugt, dass wir wirklich Terroristen sind.

Was noch wichtig ist: Ich habe gesagt, dass wir gekauft worden waren. Ich habe im Lager erfahren, dass es dort ein zehn Monate altes Kind gab. Und einen Opa von hundertzehn Jahren, einen Afghanen. Ich habe damals gesagt, vielleicht ist das noch ein Gefangener aus dem alten Krieg gegen England. (Lacht)

Damit die Leute freigelassen werden, sind wir in einen Hungerstreik getreten, vor Ramadan. Der hat zwei Wochen gedauert. Es hieß dann, dass sie unverzüglich, dass sie von einem Tag auf den anderen zurückgeschickt werden würden. Da haben wird dann den Hungerstreik abgebrochen. Andere Möglichkeiten, unsere Forderungen durchzusetzen, hatten wir nicht.

Wir hatten überhaupt keinen Status. Wir waren weder Kriegsgefangene noch Kriminelle, die in Untersuchungshaft saßen. Wir waren dort in einer unbegreiflichen Lage, keiner wusste, wie lange wir dort bleiben würden, und für uns gab es überhaupt keine Informationen. Die einzige Informationsquelle war die amerikanische Flagge: Wenn die Flagge auf Halbmast wehte, hieß das, in Amerika ist irgendwas passiert. Und wenn die Flagge oben wehte, hieß das, es ist alles okay.

Erinnern Sie sich an den Besuch der internationalen Journalisten?

Ich habe gesehen, dass Journalisten ins Spital kamen. Zu uns wurden sie nicht gelassen. Es kamen sogar Schauspieler, um uns anzuschauen wie Affen. Das war, als ich im Spital lag.

Es gab eine spezielle Person, die damit beauftragt war, die Besucher zu empfangen. Dieser – wenn man so will – Pressesprecher hat immer folgendes getan: Wir hatten eine chinesische Uhr, die zu den Gebetszeiten immer ein entsprechendes Signal gab. Und jedes Mal, wenn Besucher gekommen sind, hat er die vorgeführt: Hier haben wir sogar eine Uhr, und zu der und der Zeit gibt es dieses Signal. Jedes Mal hat er sie angeschaltet und gezeigt und dann zurückgestellt. Und das bei jedem Besuch. Aber zu uns selbst wurden die Journalisten nicht vorgelassen.

Hunde gelten bei den Muslimen für unrein. Sind Sie mit Hunden in Berührung gekommen?

Nun, ich saß das letzte Jahr in einem Block mit besseren Haftbedingungen. Das war ein Vorzeigetrakt. Aber Hunde waren auch dort bei Durchsuchungen dabei. Einmal wollten wir nicht raus. Wir sollten in der Nacht kontrolliert werden, und da sind wir mit Hunden in die Duschen getrieben worden. Die Hunde wurden im Auto mit herumgefahren und lebten in Räumen mit Klimaanlage unter sehr guten Bedingungen.

Haben die Wächterinnen die Häftlinge angefasst?

Ja, so etwas gab es. Wir sind unter deren Aufsicht nicht in die Dusche gegangen oder zu den Spaziergängen, und zwar aus Protest nicht.

Hat das Provokationen gegeben?

Es gab Vorfälle, wo man aus der Zelle geschleift und die Zelle durchsucht wurde. Aber ich bin ein erwachsener Mensch, deswegen habe ich mich auf Provokationen nicht eingelassen. Außerdem war ich nicht gesund genug. Ich konnte mich beispielsweise einem Hungerstreik anschließen, mehr aber nicht. Um an irgendwelchen Prügeleien teilzunehmen, dazu hatte ich weder die Lust noch die Kraft. Ich habe versucht, das zu vermeiden, und es ist mir auch gelungen.

Man sieht, dass Sie Humor haben. Haben Sie den damals im Lager auch gehabt?

Ja, selbstverständlich. Ohne Humor kann man da nicht überleben. (Lacht)

Aber Sie sind der erste der ehemaligen Gefangenen, dem man das ansieht.

Ja, das Gebet ist eine Rettung, und der Koran ist auch eine Rettung. Der Glaube überhaupt. Wir wissen, dass alles, was auf der Erde geschieht, durch den Willen Gottes geschieht.

Aber nicht alle haben das geistig überlebt. Es gibt Häftlinge, die geistig gebrochen wurden …

Ja. Ich habe gesehen, wie Leute Wutanfälle hatten. Die wurden dann abgeführt und haben entsprechende Spritzen bekommen. Man hat ihnen hinterher angesehen, dass ihnen Beruhigungsmittel verabreicht worden waren.

Haben Sie Menschen gesehen, die geistig nicht mehr gegenwärtig waren?

Ich nicht. Naja, im Lazarett vielleicht einen, der in einem Rollstuhl transportiert wurde, aber es gab schon Leute, die sich aufgegeben hatten. Ich wusste durch Gerüchte – man nennt das Gefängnistelefon oder Gefängnisradio –, dass es Menschen gab, die Beruhigungsspritzen bekamen, oder andere, bei denen in der Zelle Glasscheiben installiert wurden, damit sie die Wachsoldaten nicht mit Wasser bespritzten. Deshalb hat man speziell diese unterschiedlichen Haftbedingungen, diese verschiedenen Grade oder Ebenen eingerichtet. Wenn man versuchte, für seine Rechte zu kämpfen, wurde man sozusagen degradiert.

Welche Formen der Bestrafung haben Sie erlebt?

Die Köpfe wurden kahlgeschoren, die Bärte wurden rasiert. Als ich einmal zum Verhör gebracht wurde, sah ich jemanden, der nur in Unterhosen oder Shorts da stand. Es gab auch eine geschlossene Eisenzelle mit einer Klimaanlage, und in der wurde man mit Kälte bestraft.

Auch mit Schlafentzug?

So etwas gab es auch, aber nicht bei mir. (Lacht) Wie gesagt, ich bin ein erwachsener Mensch, ich habe die Wächter nicht provoziert.

Wie alt sind Sie heute?

Dreiundvierzig.

An welchen Bildern haben Sie sich damals festgehalten, um sich zu stabilisieren?

Ich habe an die Zukunft gedacht.

Haben Sie Heimweh gehabt?

Ja, selbstverständlich. Noch dazu brauchte ein Brief in der ersten Zeit einen Monat, dann ein halbes Jahr, und vor kurzem hat meine Mutter einen Brief von mir bekommen, den ich vor zwei Jahren geschrieben haben. Ich saß inzwischen schon im russischen Gefängnis. Das war vor einem Monat, und plötzlich kommt ein Brief aus Kuba. Meine Mutter dachte, ich wäre zurück nach Kuba geschickt worden. (Lacht) Dann sah sie das Datum und merkte, dass dieser Brief zwei Jahre alt war. Viele Briefe haben die Adressaten gar nicht erreicht.

Was konnten, was durften Sie schreiben?

Man hat geschrieben, wie es einem gesundheitlich geht. Neuigkeiten gab es ja keine. Ein Tag glich dem anderen. Meine Mutter in Russland hat über familiäre Dinge geschrieben. Politisches wurde nicht zur Sprache gebracht.

Wie haben Sie erfahren, dass Sie Guantánamo verlassen dürfen?

Man hat mich zu einem Verhör geholt und mir gesagt: »Du wirst in ein anderes Lager verlegt.« Dann hat man mich in ein anderes Zimmer gebracht, das in der Mitte durch eine Glasscheibe geteilt war. Auf der anderen Seite, hinter der Scheibe, saß ein Wachsoldat. Man wurde ja ständig überwacht. Und dann kam der Untersuchungsbeamte und sagte: »Wir schicken dich nach Russland.« Ich hatte persönliche Sachen, Briefe und so weiter, aber all das blieb in der Zelle. Ich konnte mich auch von niemandem verabschieden. Zwei Tage später wurde ich gefesselt und nach Russland gebracht.

Wollten Sie nach Russland, oder mussten Sie Angst haben vor Russland?

Ich hatte zu viel erlebt, um noch groß Angst zu haben. Aber ich hatte schon Angst davor, gleich wieder eingesperrt zu werden.

Und das ist passiert?

Für ganze vier Monate.

In einem Lager?

Nein, in einem russischen Gefängnis. Man hat mir mitgeteilt, wessen ich beschuldigt werde: Grenzüberquerung, Tätigkeit als Söldner und Beteiligung an ungesetzlichem Banditentum …

Und das ist nach vier Monaten niedergeschlagen worden?

Ja.

Und hat man Sie dann auch noch mal wegen des angeblichen Anschlags auf die Pipeline in Tatarstan zur Verantwortung gezogen?

Ja.

Und Sie sind wiederum freigekommen und warten jetzt noch immer auf die Berufung beziehungsweise die Wiedereröffnung des Verfahrens?

Ja. Die Amerikaner haben uns bereits als Terroristen gebrandmarkt. Es gab keine Rehabilitierung, keiner hat erklärt, dass wir unschuldig seien. Zwei Jahre haben wir dort gesessen, dann sind wir auf freien Fuß gesetzt worden, weil man keine Verbindung zwischen uns und Osama Bin Laden feststellen und nicht beweisen konnte, dass jemand von uns irgendetwas mit den Terroranschlägen zu tun hat. Und hier in Russland geraten wir jetzt immer wieder unter Verdacht. Während der Beslan-Geschichte etwa wurde ich auch zum Verhör geholt, und man hat überprüft, ob ich da bin. Wenn ein Flugzeug abstürzt, werde ich geholt, wenn irgendetwas explodiert, werde ich geholt. Ich kann auch die Stadt nicht so ohne weiteres verlassen. Bevor ich die Stadt verlasse, muss ich anrufen. Und das ist selbstverständlich keine offizielle Auflage. Das ist eine mündliche Vereinbarung mit den Sicherheitsdiensten, an die ich mich besser halte.

Heißt das: Die russischen Sicherheitsdienste unterliegen in speziellen Fragen dem Einfluss der Amerikaner?

Das ist schwer zu sagen, aber nein, da sehe ich nicht unbedingt eine Verbindung. Vielleicht denken sie eher an die Sicherheit hier im Land. Da gibt es ja viele Aspekte. Nach der Explosion der Pipeline wurde ich gefoltert. Ich musste beispielsweise eine Gasmaske aufsetzen, die Luft wurde zugedreht, und ich wurde gezwungen, Wodka zu trinken. Ich habe nie Alkohol getrunken, aber dort hat man mir eine ganze Flasche Wodka reingegossen. Außerdem wurde ich mit Schlafentzug gequält. Ich habe etwa sieben Tage nicht geschlafen und danach alles unterschrieben.

Hätte dieser Staat Russland Sie ohne Guantánamo jemals als Gefahr bezeichnen können? Hatten Sie sich je etwas zuschulden kommen lassen? Waren Sie je auffällig geworden?

Ich habe nichts Auffälliges gemacht, habe mir nichts zuschulden kommen lassen. Und jetzt mache ich auch nichts. Und die wissen ja, dass ich nichts mache. Auch die Leute in meinem jetzigen Wohnort in der Nähe von Moskau wissen, dass ich nichts mache. Aber schon in der Nachbarstadt kann bei den Leuten Verdacht entstehen.

Was genau haben Sie nach sieben Tagen Schlafentzug unterschrieben?

Ich habe einfach gestanden, dass ich alles in die Luft gesprengt, Sprengstoff bei irgendeinem Unbekannten gekauft, es selbst an der Pipeline angebracht und angezündet habe.

Dass Sie mir hier gegenüber sitzen, bedeutet aber auch, dass die Behörden wissen, wie wenig Sie damals die Wahrheit gesagt haben?

Na ja, sie waren nach diesen erzwungenen Geständnissen immerhin bereit, uns einzusperren. Das Geschworenengericht hat dann das Vorurteil der Behörden nicht bestätigt. Es ist natürlich schwer, die zwölf Geschworenen so auszuwählen, dass sie nur die Sicherheitsdienste unterstützen. Wäre es ein einfaches Gericht gewesen, hätte ich bestimmt fünfzehn Jahre bekommen oder vielleicht auch lebenslänglich. Aber es war auch leicht zu erkennen, dass meine Geständnisse völlig unglaubwürdig waren. Deswegen haben die Geschworenen einstimmig befunden, dass wir unschuldig sind.

Im Zusammenhang mit diesem Fall ist übrigens noch eine Person festgenommen worden und – das ist das Interessanteste – an einem anderen Ort eine ganze Gruppe. Und als wir nach der Verhandlung unsere Sachen aus dem Gefängnis geholt haben, haben wir den stellvertretenden Leiter getroffen, und er hat uns gesagt: »Diejenigen, die die Pipeline in die Luft gesprengt haben, sitzen schon in einem anderen Gefängnis.« Er hat uns zum Feiertag gratuliert und war auch sehr froh, dass wir freikamen. Wir hatten da den Fastenmonat Ramadan.

Haben Sie die Hoffnung, dass Sie von einem Gericht je rehabilitiert werden für das, was die Amerikaner Ihnen angetan haben?

Nein, das ist nicht sehr wahrscheinlich. Amerika sagt immer: Wir stellen die Demokratie wieder her, dabei verstoßen sie gegen alle Menschenrechte. Nehmen wir die Festung in Mazar-e Sharif. Das war wirklich ein Kriegsverbrechen – und sie haben auch noch Videoaufnahmen davon gemacht! Das war Massenvernichtung.

Sind die Videoaufnahmen je gezeigt worden?

Auf Guantánamo, während der Untersuchung, hat man sie mir gezeigt.

Wer hat Ihnen die Aufnahmen gezeigt?

Die Amerikaner, die an dem Verhör teilnahmen, und dann haben sie mich gefragt: »Wen kennst du von denen, wen nicht?« Drei oder vier amerikanische Soldaten sind in Qala Jangi auch ums Leben gekommen.

Hätten Sie die Möglichkeit, gegen die Vereinigten Staaten eine Klage einzureichen?

Nein. Ich habe im Augenblick ja nicht einmal einen Reisepass. Und unsere Rechtsanwälte können das auch nicht, so etwas kostet viel Geld. Wir haben jetzt einen Rechtsbeistand, der versucht, eine Klage für uns durchzusetzen. Er war auch in Guantánamo. Aber wir wissen nicht, was dabei herauskommen wird.

Sie hoffen noch, dass Ihnen eines Tages Recht geschieht?

Diese Frage habe ich auch den Mitarbeitern des Roten Kreuzes gestellt: Wer wird uns rehabilitieren? Die haben sich die Frage einfach aufgeschrieben. (Lacht) Geantwortet haben sie nicht.

In Jordanien versucht man übrigens, mehrere Häftlinge zusammenzubringen und unter Umständen sogar eine amerikanische Kanzlei zu finden, die unentgeltlich eine Sammelklage durchficht, weil es sich ja immerhin um einen spektakulären Fall handelt.

Keine Ahnung, ob es soweit kommt. Wir wissen ja nicht, welche Pläne die Amerikaner sonst noch haben. Im Grunde war ja schon der Überfall gegen den Irak vollkommen umsonst, weil das Land eben keine Massenvernichtungswaffen hatte. Und was sie mit dem Iran planen, ist noch unklar. Kommt es da zu Bombardierungen, dann ist es schwer, einen Kämpfer von einem friedlichen Menschen zu unterscheiden. Und dann werden diejenigen, die Widerstand gegen diese Besatzung leisten, Terroristen genannt.

Dieses Bild des Terroristen ist etwas, glaube ich, das den Leuten den Blick verstellt. Also man sagt, wir – Amerika und Russland – haben einen gemeinsamen Feind, dem geben wir den Namen Terrorismus. In Wirklichkeit verfolgt man seine eigenen, ziemlich schmutzigen Interessen.

Früher gab es die Feindschaft der Systeme zwischen Russland und Amerika, dem Sozialismus und dem Kapitalismus. Wenn es so ein klares Feindbild gibt, dann kann man damit viel Geld machen. Es ist gut für die eigene Wirtschaft, die Rüstungsindustrie; man kann die Luftabwehr, ein Raketenabwehrsystem entwickeln und so weiter. In diesem Punkt gibt es jetzt keinen Widerstand mehr, es scheinen Partnerschaft und Freundschaft zu herrschen, und die Ausgaben für die Rüstungsproduktion müssen vor dem Steuerzahler gerechtfertigt werden.

Man baut Bomben, man sagt, das ist nötig gegen die Muslime und Terroristen, aber im Prinzip handelt es sich um reine Geldwäsche. In Russland ist es dasselbe. Doch wer darunter am Ende mehr leiden wird, Amerika oder Russland, das ist noch unklar. Meiner Meinung nach kann Amerika sich nicht damit abfinden, dass Europa sich irgendwie erhebt. Ich glaube, mit Bush wird es schon zu Ende gehen, aber ich fürchte, dass es bald zum Krieg kommen wird.

Wie leben Sie heute?

Ich bin erst vor kurzem aus dem Gefängnis herausgekommen.

Und sind jetzt arbeitslos?

Ja, schon früher konnte ich keine Arbeitsstelle finden. Ich habe einfach das alte Auto meines Vaters genutzt, um als Taxifahrer etwas Geld zu verdienen. Das war aber Schwarzarbeit. Auch als Wachmann kann ich nicht angestellt werden. Ich habe ja so einen Bart. Und es ist ja auch schwierig, eine Arbeit zu finden, wenn man älter ist als dreißig oder fünfunddreißig.

Gäbe es nicht muslimische Arbeitgeber, die Sie vorziehen würden?

Ja, aber die Muslime haben Angst davor, mit mir in Verbindung zu stehen, weil sie auch darunter leiden könnten. Freunde von mir, Geschäftsleute, haben sogar Angst davor, sich mit mir zu treffen.

Sind in Guantánamo die Häftlinge unterschiedlicher Nationen eigentlich unterschiedlich behandelt worden?

Besonders schlecht wurden die Araber behandelt, weil Osama Bin Laden Araber ist. Aber es ist ja nicht einmal bewiesen, dass er für die Anschläge verantwortlich ist. Das konnte jedenfalls bisher nicht nachgewiesen werden.

Heute sind Sie vermutlich ein politischerer Mensch, als Sie es gewesen sind, bevor all das begonnen hat …

Na ja, Russland ist ohnehin ein sehr politisierter Staat. Um überleben zu können, muss man die Politik kennen. Die Geschäftsleute, die hier leben, müssen sich auskennen, weil die politischen Strömungen auch Einfluss auf ihre Arbeit haben.

Wenn Sie heute Ihren Charakter betrachten: Was fällt Ihnen an sich selbst auf, das Sie an Guantánamo erinnert?

Schwer zu sagen, ich glaube, da hat sich nichts Wesentliches geändert.

Sie haben einen starken Charakter.

Relativ. Wenn ich vor fünf Jahren in unserer Miliz gelandet wäre, hätte man mich mit diesen Maßnahmen vielleicht nicht so in die Knie gezwungen wie jetzt. Das liegt bei mir auch am Alter, dass die Verwundungen sich so auswirken. Mir zittern manchmal die Hände.

Können Sie schlafen?

Ja, das kann ich.

Wie erziehen Sie Ihre Kinder?

Zu meinen Kindern habe ich sehr wenig Kontakt. Ein halbes Jahr habe ich sie nicht mehr gesehen. Ich wohne jetzt bei meinen Eltern, bin auch dort angemeldet, damit meine Familie, meine Frau und meine Kinder keine Probleme haben durch meine Anwesenheit. Meine Tochter ist jetzt an einer Berufsschule, einer Fachschule, und möchte danach eine Hochschule besuchen … sofern es keine Probleme gibt.

Abdulsalam Daeef

Abdulsalam Daeef war Ökonom, bevor er von der Taliban-Regierung zum Pressesprecher, später zum Botschafter Afghanistans in Pakistan befördert wurde. Seine Auslieferung an die USA durch pakistanische Behörden betrachtet er als Verletzung seiner diplomatischen Immunität. In Guantánamo wurde er zeitweise zum Sprecher der Gefangenen. Zum Zeitpunkt des Interviews, das in einer verdeckten Wohnanlage in Kabul geführt wurde, war er seit einem Monat auf freiem Fuß. Es handelt sich um sein erstes, bis jetzt einziges Interview.

Herr Daeef, warum gewähren Sie mir dieses Interview?

Ich habe bisher mit niemandem ein Interview geführt, weil ich das eigentlich nicht will. Aber da es um die Gefangenen geht und ich selbst einer war, will ich, dass alles besser erklärt und dass es öffentlich wird, damit die Menschen, die dort sind, einen Nutzen davon haben. Deshalb unterstütze ich dies. Ganz wichtig ist, dass, wer immer diese Übersetzung macht, jemand ist, der den Text nicht verändert.

Das verspreche ich Ihnen.

So ist es in Ordnung. Ich habe in diesen Belangen genug Erfahrungen von früher, aber auch aus Guantánamo. Auch das war unser Problem: Wenn wir etwas gesagt haben, wurde es falsch übersetzt. Was der Gefangene sagen wollte, wurde verdreht, entweder aus Gründen der Rassendiskriminierung oder aus anderen Motiven heraus.

Weil ich oft dabei gewesen bin und die Übersetzung mitbekommen habe, wusste ich, dass sie falsch übersetzt haben, und fragte, warum sie nicht richtig übersetzten. Die Bedeutung der Worte, die sie verwendeten, stimmte oft nicht. Wenn Sie einen Dolmetscher finden, bin ich ja nicht dabei. Ich muss sicher sein, dass so etwas nicht passiert.

Sie haben mein Wort. Warum sollten wir dieses Buch machen, wenn wir die Häftlinge nicht so genau wie möglich zu Wort kommen ließen?

Gut, ist in Ordnung. Im Namen Gottes. Beginnen Sie.

Unter welchen Umständen sind Sie aufgewachsen, welche Werte hat Ihnen Ihre Erziehung vermittelt?

Eine Sache noch: Es wäre mir lieb, wenn Ihre Fragen kurz wären und nur jeweils einen Aspekt beinhalteten. Wenn es nämlich zwei oder drei Aspekte in einer Frage gibt, habe ich sie am Ende nicht vollständig beantwortet oder ich kann meinen Standpunkt nicht richtig erklären.

Einverstanden. Wo wurden Sie geboren?

Bei Kandahar, im Distrikt Panjwai im Dorf Damrasi wurde ich geboren.

Welchen Beruf übte Ihr Vater aus?

Er war islamischer Gelehrter.

Wie viele Kinder hatte die Familie?

Ich habe noch einen Bruder und eine Schwester. Zwei Brüder sind während des Widerstandes im Krieg gegen die Russen als Märtyrer gefallen.

In welchem Geist hat Ihr Vater Sie erzogen?

Ich interessierte mich sehr für Bildung, weil es in unserem Dorf keine Schule gab. In der Moschee begann ich, das Lesen und Schreiben zu erlernen. Mullah Emam gab uns Religionsunterricht. Als ich damit begann, war ich sieben Jahre alt. Bis zum zehnten Lebensjahr habe ich dort gelernt, danach ging ich zur Madresa, in eine religiöse Grundschule, später auf eine höhere Schule, bis die Revolution kam.

Wir kamen dann als Flüchtlinge nach Quetta in Pakistan, und dort absolvierte ich das 10., 11. und 12. Schuljahr. Danach gingen wir nach Peshawar, und ich beendete dort die islamische Lehre und ging an die Jamia University, um islamische Wissenschaft zu studieren, mit gleichzeitigem Studium der Ökonomie und der Politikwissenschaften. Ich erhielt mein Diplom in Politikwissenschaften und schloss die islamische Wissenschaft ab. Mein Interesse galt sehr der Ökonomie.

Welche Berufsaussichten eröffneten sich Ihnen nach dem Studium?

Ich wollte noch weiter lernen, war noch Student und wollte Lehrer werden.

Sind Sie dann nach Afghanistan zurückgegangen?

Ja, ich ging zurück nach Afghanistan.

Wohin in Afghanistan kamen Sie genau?

Ich ging in mein Dorf bei Kandahar zurück und lebte dort, als sich die Talibanbewegung zu entwickeln begann. Das Leben in Kandahar war zu jener Zeit sehr, sehr hart. Ich lebte eine Zeit lang in meinem Dorf und überlegte, zurück nach Pakistan zu gehen, weil die Sicherheitslage nicht gut war und man nicht studieren konnte.

Während dieser Entscheidungsphase nahmen die Taliban innerhalb eines Monats Kandahar ein, und die Menschen lebten auf einmal in Sicherheit und in Frieden. So schloss ich mich der Bewegung an. Leuten, die sich an uns gewandt haben und etwas lernen wollten, haben wir Unterricht gegeben. Ich selbst hatte keinen offiziellen Posten.

Lehrer war also nicht Ihr regelrechter Beruf.

Ich war nicht offiziell als Lehrer angestellt, erhielt auch kein Gehalt und wollte von keinem etwas haben. Ich unterrichtete privat.

Welches war der erste reguläre Beruf, den Sie ausgeübt haben?

Als die Taliban kamen, habe ich mit denen zusammengearbeitet, weil Sicherheit ins Land kam. Wir haben auch die Bevölkerung motiviert, mit den Taliban zusammenzuarbeiten, damit mehr Sicherheit, Ordnung und eine richtige Verwaltung zustande kamen und unser Eigentum und unsere Ehre geschützt blieben. Dann wollten die Taliban, dass ich auch politisch für sie arbeite, und haben mich mehrmals und nachdrücklich aufgefordert, in die Regierung zu kommen. Während dieser Zeit blieb ich in Kandahar und arbeitete zunächst als eine Art Berater in der Provinz.

Es gab einen Rat, der Sicherheits- und ökonomische Themen überprüfte. Ich bin dort Mitglied geworden. Während dieser Zeit gingen die Taliban nach Herat, und Mullah Mohammed Omar hat mich als Präsident der Banken in Herat angestellt. So bekam ich meinen ersten offiziellen Posten.

Hatten Sie in dieser Funktion bereits mit ausländischen Banken zu tun?

Nein, es gab keine Verbindung zum Ausland, es gab nur hier eine Zentralbank, eine nationale Bank und die Pashtany Tejaraty Bank. Diese Banken waren aktiv.

Ihr Kerngebiet ist also die Ökonomie. Warum sind Sie in dieser Position nicht geblieben?

Etwa zwei Jahre habe ich hier gearbeitet, dann bin ich nach Kabul gewechselt und habe dort als Adjutant im Ministerium für Bergbau und Industrie gearbeitet. Gleichzeitig war ich Mitglied im ökonomischen Rat. Nach etwa zwei Jahren bin ich weiter ins Transportministerium gewechselt und Minister für Transportwesen geworden. Diese Arbeit habe ich aber nicht länger als vier bis fünf Monate ausgeübt. Dann bin ich nach Islamabad gegangen und Botschafter für Afghanistan geworden. Während dieser Zeit hat sich Pakistan an Amerika verkauft.

Wie meinen Sie das?

Sie haben mich an die Amerikaner verkauft, und das war das Ende meines Dienstes.

Haben Sie in all der Zeit das Gefühl gehabt, dass Sie Ihrem Land helfen, dass Sie etwas Gutes für Afghanistan bewirken können?

Was in meiner Macht stand, meinem Land und der Bevölkerung zu dienen, habe ich gemacht. Aber die Schwierigkeit lag darin: Während wir arbeiteten, gab es wirtschaftliche Probleme, und außerdem gab es wenig Möglichkeiten eines wirtschaftlichen Fortschritts.

Während meiner Tätigkeit im Ministerium für Bergbau und Industrie konnten wir einige Fabriken wieder neu herrichten und in Betrieb nehmen. Für interessierte Finanziers haben wir die Grundlagen und die Voraussetzungen geschaffen, zu investieren. Wir bauten vier Industrieparks und eröffneten einen in Mazar-e Sharif, einen in Herat, einen in Kandahar und einen in Kabul. Wir reparierten die Stromfabriken und die Kunstdüngerfabrik in Mazar, brachten Gas von der Stadt Sheberghan nach Mazar; etwa hunderttausend Familien konnten wir mit Gas versorgen.

Wir versuchten, alle Möglichkeiten auszuschöpfen, in der Betonfabrik von Ghore oder in den Fabriken für Textilherstellung möglichst viel zu produzieren.

In Kabul selbst haben sich viele interessierte Unternehmer in unserem Büro registrieren lassen, weil sie investieren wollten. 400 Fabriken wurden registriert. Einige nahmen auch ihre Arbeit auf, und einige waren noch mitten im Aufbau, als die Talibanbewegung unterging.

Hatten Sie zur der Zeit das Gefühl, dass das Ausland schädlichen Einfluss auf die Politik Afghanistans nimmt?

Sehr – das war eine Auswirkung, die wir immer mit Sorge betrachteten, der Sorge, dass eines Tages Afghanistan untergehen und die afghanische Bevölkerung eine politische Lösung brauchen und dass die Politik des Auslands Afghanistan daran hindern könnte, weiterzukommen.

Wenn Sie sagen: die Ausländer, meinen Sie vor allen Dingen Amerika oder auch Länder wie Iran und Pakistan?

Viele waren es. Wir müssen akzeptieren, dass unsere Außenpolitik nicht so stark war, wie sie hätte sein müssen. Ein weiterer Faktor war, dass unsere Nachbarländer, die Sie eben erwähnt haben, keine guten Absichten hatten; und drittens gab es religiöse Schwierigkeiten zwischen Afghanistan und dem Westen. Da wurden wenige Kompromisse gemacht. Diese drei Gründe führten dazu, dass die Wirtschaft einen Tiefschlag bekam und sich nicht entwickeln konnte und dass die Regierung zusammenfiel.

Haben Sie als Botschafter positiven Einfluss genommen, um die Entwicklung zu korrigieren?

Der Botschafter ist eine Person, der nur die Stimme der Menschen seines Volkes an die Regierung weitergibt, bei der er akkreditiert ist. Ich habe das gemacht. Aber ein Botschafter kann nicht die Politik seiner Regierung oder die anderer Länder verändern.

Haben Sie das Gefühl gehabt, in dieser Position als Botschafter etwas bewegen zu können?

Habe ich leider nicht. Ich bin in einer Zeit Botschafter geworden, als Afghanistan wie in einer Faust festsaß. In dieser Situation war es sehr schwer, die Finger dieser Faust, die Afghanistan umklammerten, zu kontrollieren oder auch nur einen Finger zu lockern.

Wir haben vieles versucht, um die Situation zu verändern. Ich hoffte, dass jemand in Afghanistan etwas Gutes bewirken würde, damit das Land nicht in so eine Situation käme, und ich bemühte mich sehr darum, dass uns dieser Krieg nicht immer wieder aufgezwungen würde, aber leider, leider…

Haben Sie in Ihrer Zeit als Botschafter überhaupt Kontakt zu den Amerikanern gehabt?

Ja, den hatten wir.

Welcher Art war dieser Kontakt?

Er fand bei jeder Schwierigkeit statt, die vorkam. Entweder nahm der Botschafter oder ein anderer Diplomat mit uns Kontakt auf und besprach mit uns die Sachlage, oder, wenn sie eine Botschaft am Ort hatten, traten die Amerikaner an uns heran. Als der US-Botschafter in Pakistan war, gab es eines Tages ein etwa vierstündiges Treffen, bei dem wir miteinander sprachen, und wir kamen zu dem Ergebnis, dass wir als Botschafter versuchen müssten, einen Weg für die Lösung der Schwierigkeiten zwischen Afghanistan und Amerika zu finden. Leider gelang es nicht. Einmal traf ich auch die Außenministerin und besprach die Schwierigkeiten mit ihr.

Hatten Sie das Gefühl, überhaupt Gewicht zu haben

gegenüber den Amerikanern, oder haben die Amerikaner weitgehend bestimmen wollen, was getan werden sollte?

Das war unser Problem. Jedes Mal, wenn wir das Gefühl hatten, dass Schwierigkeiten gelöst werden müssten, machten wir Vorschläge und übergaben sie den Amerikanern zur Lösungsfindung. Die amerikanische Regierung aber hat die afghanische Regierung nicht respektiert. Sie sagten von sich, wir sind die Regierung der Supermacht; alles was wir wollen, muss geschehen, und alles was wir sagen, müsst ihr machen.

Die Entfernung zwischen den Amerikanern und uns war sehr groß. Dennoch waren unsere Vorschläge logisch, und meiner Meinung nach waren die Vorschläge der Amerikaner nicht logisch und stützten sich allein auf ihre Macht.

Amerika interessierte sich vermutlich weniger für die Geschichte, die Kultur und die Interessen Afghanistans.

Eine Sache vor allem wollten sie von uns: dass wir Osama übergeben. In dieser einen Sache aber hieß es vor allem, logisch vorzugehen, etwa zu fragen: Warum will Amerika Osama als Straftäter haben? Dann muss seine Tat bewiesen werden. Wenn seine Tat bewiesen ist, dann muss er an Afghanistan übergeben werden. Dann kann nur Afghanistan über Osamas Schicksal entscheiden.

Amerika zeigte in dieser Sache aber keinen Respekt, und sie sagten: Wer sind die Taliban, und was ist Afghanistan? Wir wollen auf jeden Fall Osama haben, und er müsste in Amerika vor Gericht gestellt werden.

Das erste Mal schlugen die Taliban vor: Sollte Osama ein Verbrecher sein, werden wir ihn nicht verteidigen.

Ungeachtet, ob er einer ist oder nicht, sind wir bereit, Osama in Afghanistan vor Gericht zu stellen. Dann müssen die Amerikaner den Beweis für seine Schuld erbringen und den Fall vor einem afghanischen Gericht verhandeln lassen. Dann wird das Gericht entscheiden, was mit ihm geschehen soll.

Diesen Vorschlag haben die Amerikaner abgelehnt mit der Begründung, er sei nicht akzeptabel. Unser zweiter Vorschlag war, Osama nicht ohne Beweise an die Amerikaner auszuliefern. Es sollte ein von drei islamischen Ländern ausgewähltes Gericht zusammengestellt werden, das zu entscheiden gehabt hätte, wo Osama vor Gericht gestellt werden sollte, und die Amerikaner sollten dieses Gericht und dessen Entscheidungen respektieren.

Das wurde auch abgelehnt. Die Taliban wollten ihn aber ohne Beweis nicht an die Amerikaner ausliefern, bis die Sache am 11. September passierte und sich alles noch mehr verschlimmerte.

So sehr haben sich die Amerikaner also schon vor dem 11.9. für Osama Bin Laden interessiert?

Schon zwei Jahre zuvor haben sie sich für ihn interessiert, als die Sanktionen begannen und alles gesperrt war.

Hatten Sie den Eindruck, dass den Amerikanern der Unterschied zwischen Taliban und Al Qaida bekannt war?

War er. Wir trafen uns als Vertreter Afghanistans mit hohen diplomatischen Stellen der Amerikaner, und es gab dabei von beiden Seiten diplomatischen Respekt. Aber die Amerikaner hatten keinen direkten Kontakt zur Al Qaida.

Das war der Unterschied zwischen den Taliban und Al Qaida.

Wussten Sie auch nach dem 11.9., wo sich Osama aufhielt?

Nein.

Wo haben Sie vom 11.9. erfahren?

Ich war zu Hause, als es im Fernsehen kam, da sah ich es.

Haben Sie zu diesem Zeitpunkt geahnt, dass das Attentat Auswirkungen auf Afghanistan haben könnte?

Einige Leute, die hier waren, freuten sich, dass so etwas geschehen war. Die Wahrheit ist, dass ich aus zwei Gründen geweint habe: zum einen, weil da eine große Katastrophe geschah, die nicht hätte geschehen sollen, und zweitens, weil alles, was dort geschah, sich auf jeden Fall auf Afghanistan auswirken würde. Afghanistan würde in Flammen stehen und verbrennen. Leute, die hier waren, sagten, die Amerikaner werden nicht mehr warten.

Haben Sie geglaubt, dass Osama hinter den Anschlägen steckte?

Bis jetzt bin ich nicht sicher, und niemand ist sicher. Sogar Forscher, die die Anschläge untersucht haben, und die amerikanische Regierung haben keine Informationen, wer es war. Keiner weiß es. Der Beweis, den die Amerikaner anführen, basiert darauf, dass Osama diesen Vorfall nicht verurteilt hat. Mehr gab es nicht.

Als nach dem 11.9. die Bombardierung Afghanistans begann, erschien das manchem auch im Westen verbrecherisch. Mit welchen Gefühlen haben Sie diese Bombardierung begleitet?

Ich habe der Presse während dieser Zeit stets gesagt, dass Krieg nicht gut sei. Krieg tötet Menschen und unterscheidet nicht zwischen Schuldigen und Unschuldigen. Wir müssten diese Schwierigkeiten durch gegenseitige Verständigung lösen. Das war meine Botschaft, die ich jeden Tag verbreitete, und jeden Tag weinte ich auch und wünschte, dass die Weltgemeinschaft uns unterstützen sollte, damit der Krieg aufhören und ein anderer Ausweg für die Lösung gefunden würde.

Zu jener Zeit waren Sie Diplomat in Islamabad. Warum haben die Amerikaner einen Prominenten wie Sie, den man öffentlich kannte, den auch ich vom Fernsehschirm kannte, warum haben sie Sie inhaftiert?

Sie dachten, ich hätte vielleicht Informationen über Osama oder ich sei Al-Qaida-Mitglied oder hätte vielleicht Informationen über die Hintergründe des 11. September. Das war ein Fehler. Informationen waren für sie sehr wichtig. Deshalb nahmen sie mich fest, um Informationen zu bekommen. Es waren nicht nur Informationen über Osama und Mullah Mohammed Omar, die sie von mir wollten. Sie wollten auch wissen, wie die Talibanbewegung begann und wer sie unterstützt hat, und auch von den kulturellen und wissenschaftlichen Gedanken und Standpunkten wollten sie etwas wissen. Sie fragten sogar um Rat, wie es in Afghanistan wieder zum Frieden kommen und wie sie als Sieger hervorgehen und wie sich eine demokratische Regierung in Afghanistan bilden könnte.

Ich bin eine Person, die immer für Frieden ist. Gegenseitiges Verständnis ist die Lösung. Ich habe mich nie in den Krieg eingemischt, und die Amerikaner haben schwere Fehler begangen.

Als der 11.9. geschah, habe ich die Anschläge noch am selben Tag verurteilt, und als die Amerikaner in Afghanistan einmarschierten, habe ich auch dies verurteilt. Die Amerikaner haben zu uns gesagt, das wäre ihr Recht.

Sie genossen doch diplomatische Immunität, warum konnten die Amerikaner Sie überhaupt verhaften?

Sie wissen, dass Verhaftungen und Einsperrungen durch die Amerikaner bisher illegal sind, nicht nur für uns, sondern für jeden. Die Gesetze der Weltgemeinschaft und der UN besagen, wenn jemand beschuldigt wird, kann er zwei bis drei Monate, auch vier bis sechs Monate in Untersuchungshaft sitzen, aber dann muss er an ein Gericht übergeben werden, und dort wird entschieden. Wie Sie wissen, ist das Schicksal der Gefangenen in Guantánamo leider noch nach vier Jahren unklar. Wenn wir sagen, dass unsere Verhaftung illegal war, dann ist alles illegal. Warum haben sie uns inhaftiert, und warum wurden wir ohne Gerichtsverhandlung entlassen? Dies sind die entscheidenden Fragen.

Wie genau vollzog sich Ihre Verhaftung?

Pakistan hat mich ausgeliefert. Ich war in Pakistan, als die afghanische Regierung stürzte. Ich befand mich damals in meinem Haus, wo ich immer gewohnt hatte und wo ein pakistanischer Soldat für meine Sicherheit zuständig war. Nach dem Sturz unserer Regierung nahm ich Kontakt mit dem Außenministerium Pakistans auf und fragte, was man mir momentan vorschlüge und wie sie sich entschieden.

Ich bekam die Nachricht, dass Pakistan das Afghanisch Islamische Emirat Afghanistan nicht mehr anerkenne, weil die Regierung gestürzt sei. Aber in meinem Falle, weil ich Botschafter und offiziell nach Pakistan gekommen sei, fühle sich Pakistan verpflichtet, mir bis zur Normalisierung der Situation in Afghanistan ein Bleiberecht zu gewähren; Pakistan dürfe mich nicht ausweisen.

Ich war mir dessen nicht so sicher und bat den Außenminister Pakistans, das offiziell zu bestätigen. Dann gaben sie es mir schriftlich, dass ich weiterhin in Pakistan leben könne, bis sich die Situation in Afghanistan normalisiert habe. Damit war ich mir sicher, in Pakistan bleiben zu können. Doch nach einer Woche kamen einige Pakistani, die sich als Mitarbeiter von Geheimdienst und Innenministerium vorstellten.

Sie teilten mir mit, die Amerikaner wollten mich verhören. Sie sagten: »Pakistan hat sich entschieden, Sie von Islamabad nach Peshawar zu bringen, nach zehn Tagen können Sie nach Hause zurückkehren.« Dann bin ich mit denen nach Peshawar gegangen, und diese zehn Tage waren keine zehn Tage, sondern vier Jahre. Sie übergaben mich den Amerikanern.

Die pakistanische Polizei arbeitete also als verlängerter Arm der amerikanischen Sicherheitsbehörden?

Ja.

Heißt das, die Amerikaner haben Sie, so lange Sie in Islamabad waren, überhaupt nicht verhört, sondern Sie sind in Kandahar zum ersten Mal auf die US-Beamten getroffen?

Nein, ich wurde schon auf dem Flughafen von Peshawar an die Amerikaner übergeben, und von dort aus brachten sie mich zum Meer auf ein Schiff. Es handelte sich um eines der amerikanischen Kriegsschiffe, die wegen der Kämpfe gekommen waren. Ein paar Tage blieb ich dort zum Verhör, und dann brachten sie mich nach Afghanistan.

Wo hat dieses erste Verhör stattgefunden?

Dort im Schiff.

Wo lag das Schiff?

Weiß ich nicht, in Afghanistan gibt es ja kein Meer. Ich denke, es war am Golf.

Hat man Sie mit verbundenen Augen geflogen?

Ja, sie waren verbunden.

All das geschah immer noch mit der einzigen Begründung, Sie müssten verhört werden?

Es gab keine andere. Sie haben mir drei Fragen gestellt. Einmal sagten sie, sie wüssten selber, wo sich Osama und wo sich Mullah Omar aufhalten würden. Von mir wollten sie es aber genau wissen. Das war die erste Frage.

Dann dachten sie, ich wäre wohl Al-Qaida-Mitglied oder hätte Information zum 11. September, und wollten alles darüber wissen, und schließlich wollten sie Hintergrundinformationen jeder Art.

Kannten Sie jemanden bei den Verhören?

Nein, es waren halt Amerikaner.

Haben die Verhöre auf Englisch stattgefunden?

Es gab einen Übersetzer.

Handelte es sich um einen guten Übersetzer?

Nein, sie haben sich nicht gut benommen. Wie die Amerikaner sich verhalten, so hat auch er sich verhalten. Ich sage nicht, dass alle schlecht waren, einige benahmen sich auch gut.

Ich meinte eher die Qualität der Übersetzung. Wenn die Amerikaner bei einem Verhör keinen guten Übersetzer einsetzten, konnte es ihnen doch nicht um die Wahrheit gehen?

Nein, nein, für sie waren diese Sachen nicht wichtig. Ich habe keinen einzigen Übersetzer gefunden, der die Übersetzung richtig machte. Keinen fand ich, und keiner kümmerte sich darum, ob die Aussagen der Gefangenen richtig übersetzt wurden. Sie wollten Informationen, und wenn es bei einzelnen Wörtern oder in der Rede Veränderungen gab, machte es denen nichts aus.

Aber wenn man präzise Informationen bekommen will, dann braucht man doch einen präzisen Übersetzer.

Ich will Ihnen eines sagen. Meine Sprache ist Paschtu, und wir hätten einen Paschtu-Dolmetscher haben müssen, der das hätte übersetzen können, und davon gab es sehr wenige. Für uns kamen arabische Übersetzer oder Urdu-Übersetzer oder Dari-Übersetzer und nur sehr wenige Paschtu-Übersetzer. Wenn diese Sachen für sie wichtig gewesen wären, warum gab es so unterschiedliche Übersetzer.

Wie viele Stunden wurden Sie auf dem Schiff verhört?

Als wir ankamen, fingen sie schon an. Ich habe es vergessen, es ist lange her. Jeden Tag haben sie uns verhört, jeden Tag.

Für wie lange waren Sie insgesamt auf dem Boot, wenn Sie das schätzen können?

Fünf oder sechs Tage.

Wohin hat man Sie von dort aus gebracht?

Sie brachten uns nach Bagram.

Wie waren die Haftbedingungen in Bagram?

Schlecht, schlecht waren sie. Es war eine unmenschliche Atmosphäre dort. Es war nichts da. Als sie uns aus dem Flugzeug holten und wir den Soldaten übergeben wurden, warfen sie uns in die Zelle. Jeder, der kam, schlug auf uns ein und keiner fragte, wer das sei und warum er schlüge. Einer schlug auf den Kopf, der andere auf die Schulter, einer in den Bauch. Etwa zwei Stunden lang schlugen sie auf einen ein. Dabei ist meine Schulter gebrochen, und einer schlug auf mein Ohr, bis heute kann ich nicht gut hören, und es tut weh. Behandelt wurde dieses Ohr bis heute nicht. Noch einen Monat lang blutete es, und keiner versorgte es, so war die Situation.

Waren außer den Amerikanern andere Völker vertreten? In Bagram sollen angeblich auch andere Nationen präsent gewesen sein.

Das habe ich nicht erkannt. Ich wusste nicht, warum und wofür sie uns bestrafen.

Haben Sie vor dem Lager Fahnen anderer Nationen gesehen?

Nichts habe ich gesehen. Wir waren einen Monat lang in einem Haus eingesperrt und durften es nicht verlassen und konnten auch nichts sehen.

Waren in der Zeit Ihre Augen verbunden?

Nein, die Augen waren nicht verbunden. Wir waren in einem kleinen Raum untergebracht und durften unseren Kopf nicht heben. Machten wir es, wurden wir bestraft, und sie sagten, wir müssten immer nach unter blicken und dürften sie nicht aufrecht anblicken.

Hat das Rote Kreuz zu dem Raum Zugang gehabt?

Sie haben uns in einem Haus versteckt, wo keiner unsere Stimmen hören konnte. Wir erfuhren, dass das Rote Kreuz da war.

Haben Sie zu dem Zeitpunkt versuchen können, Kontakt zur Außenwelt aufzunehmen?

Ich wollte es, aber es ging nicht.

Hat Ihre Familie gewusst, wo Sie sich befanden?

Nein.

Hatten Sie – immerhin der ehemalige Botschafter Afghanistans in Pakistan – bis dahin gewusst, dass es so ein Lager wie in Bagram überhaupt gibt?

Nein.

Nach diesem einen Monat hat man Sie wohin gebracht?

Nach Kandahar.

Das nächste Lager. Worin unterschied sich das Lager in Kandahar von dem in Bagram?

Durch vieles. Wir waren mit anderen afghanischen Häftlingen zusammen. Außerdem waren da pakistanische Gefangene, mit denen wir auch reden konnten. Wir sahen das Rote Kreuz, wir schrieben jeweils einen Brief und konnten ihn verschicken. Das war der Unterschied.

Haben Sie versucht, Ihre politischen Mitstreiter davon zu

informieren, wo Sie sich befanden? Immerhin waren Sie ja eine politische Person.

Nein, das konnte ich nicht, es gab keine Bevorzugung.

Zu diesem Zeitpunkt hat niemand von außen gewusst, wo Sie waren?

Nein, keiner wusste, wo ich war. Erst durch meinen Brief, der nach drei Monaten ankam, wussten sie, wo ich bin.

Konnten Sie durch Gespräche mit den anderen Häftlingen rauskriegen, ob man alle dasselbe fragte, oder gab es unterschiedliche Verhörmethoden und -fragen?

Es waren wohl von Fall zu Fall unterschiedlich. Ich habe aber offen niemanden gefragt: Was haben sie euch gefragt, warum seid ihr hier? Ich wollte auch nicht, dass jemand mich fragte, weil ich nicht sicher war, was für Leute unter den Gefangenen waren.

Die Fragen in Kandahar waren die gleichen wie in Bagram?

Es waren die gleichen Fragen, die gleichen Fragen.

Wie viele Monate waren Sie in Kandahar?

Etwa drei Monate war ich dort.

Hat man begründet, warum man Sie aus Kandahar wegbrachte?

Ja, sie haben es mir gesagt. Sechs Tage vorher sagten sie es uns beim Verhör. Es waren einige Leute dabei, und sie sagten: Wenn ihr unsere Bedingungen nicht akzeptiert, dann kommt Ihr nach Guantánamo.

Wussten Sie, wo sich Guantánamo befindet?

Ja, auf Kuba.

Wussten Sie, dass es dort ein Lager gibt?

Nein.

Sind Sie gefesselt dorthin gebracht worden?

Nicht nur die Hände waren mit Handschellen gefesselt, sondern auch die Füße wurden mit Handschellen und der Körper an den Sitz und an das Flugzeug gefesselt. Außerdem waren meine Augen und Ohren verbunden. Und Masken wurden uns über das Gesicht gezogen.

Man brachte Sie in ein Flugzeug?

Ja, in ein Flugzeug.

Mit anderen Häftlingen?

Ja, mit dreißig anderen Häftlingen.

Hat man Ihnen gesagt, wo man Sie hinbringt?

Sechs Tage vorher haben sie uns gesagt, dass sie uns nach Kuba bringen.

Waren Sie zu diesem Zeitpunkt gesundheitlich wieder soweit hergestellt, bis auf die Geschichte mit dem Ohr und der Schulter?

Nein, nein, mir ging es nicht gut. Dieser Transport war die schlimmste Zeit meines Lebens. Als ich dort ankam, war meine Hand so angeschwollen, dass man die Handschellen nicht mehr sehen konnte, und drei Monate lang konnte ich meine Hände nicht richtig bewegen. Drei Monate waren sie geschwollen, und drei Monate lang waren mein Finger taub.

Was war das Erste, das Sie in Guantánamo sahen, als man Ihnen die Binde abnahm?

Es war die Verhörsituation.

Hat man Ihnen einen orangefarbenen Overall angezogen?

Ja, aber den hatte ich schon in Kandahar getragen. Als ich in Guantánamo ankam, zerrissen sie den alten Overall, und ich bekam einen neuen. Ein Arzt untersuchte mich. Als sie dann meine Augenbinde losbanden, saß vor mir die Person, die mich verhört hat.

Wussten Sie, dass der orangefarbene Overall die Kleidung der Todeskandidaten in Amerika ist, die Kleidung der »death row«?

Ich habe es inzwischen gehört, aber dort wusste ich nicht, warum wir so gekleidet waren. Ich wäre froh gewesen, wenn sie das mit uns vorgehabt hätten. Ich wäre glücklich gewesen und hätte es begrüßt, wenn sie mich hingerichtet hätten. Die Hinrichtung wäre für mich eine große Freude gewesen.

Haben Sie damit gerechnet, dass Sie das Lager irgendwann verlassen würden?

Nein, das hatte ich nicht gedacht, denn als die Russen nach Afghanistan kamen, nahmen sie 60000 Personen fest, und keiner wusste, was mit ihnen passierte. Ich habe gedacht, mein Schicksal würde auch so enden. Ich wartete darauf, dass die Amerikaner mich bald hinrichteten.

Hat man Ihnen vor dem Verhör Pillen gegeben?

Nein.

Unterschieden sich die Fragen oder die Technik des Verhörs von dem, was Sie in Bagram oder in Kandahar schon erlebt hatten?

Nein, es waren die gleiche Fragen. Nur beim Verhör am ersten Tag, als sie mir die Binde von den Augen nahmen, antwortete ich nicht auf ihre Fragen. Ich beantwortete überhaupt keine Fragen. Nur an diesem ersten Tag.

Sind Sie dafür geschlagen worden?

Nein, sie schlugen mich nicht. Sie sagten nur, ich müsse unbedingt reden und ihre Fragen beantworten. Ich erwiderte, ich könne es nicht und wüsste nicht, was ich sagen sollte. Wir waren zwei Tage lang unterwegs gewesen und hatten nicht geschlafen, und wie Sie sehen, geht es mir sehr schlecht. Ich kann nicht klar denken.

Sie drohten, mich zu bestrafen. Ich sagte, ich würde mich sehr freuen, sagte: »Ihr könnt mit mir machen, was ihr wollt. Ihr habt freie Hand.«

Wie sah die Zelle aus, in die man Sie brachte?

Es handelte sich um einen kleinen Raum mit einem Tisch und zwei Stühlen.

Meinen Sie jetzt den Verhörraum oder die Zelle?

Den Verhörraum.

Wie sah die Zelle aus, in die man Sie brachte?

Sie war ein Käfig.

Wie viele Stunden täglich waren Sie in diesem Käfig?

Das war mein Platz. Die ganze Zeit über war ich im Käfig. Am Anfang durfte ich nur einmal wöchentlich für fünfzehn Minuten den Käfig verlassen. Nach zwei bis drei Monaten wurden es zweimal wöchentlich dreißig Minuten.

Erlaubte man Ihnen Kontakt zu anderen Häftlingen?

Ja, das war erlaubt. Jeder war in seinem Käfig, und wir sprachen miteinander.

Konnten Sie Freundschaften schließen?

Ja, sehr. Jeder hatte mit jedem eine sehr herzliche Verbindung. Es war wie unter Brüdern, weil ja jeder unterdrückt war.

Hat man Ihnen Ihre Religionsausübung zugestanden?

Ja, wir durften unsere Religion praktizieren.

Haben Sie ein Exemplar des Korans besitzen dürfen?

Ja, wir durften den Koran besitzen.

Haben Sie selber Fälle von Koranschändung erlebt oder von solchen gehört?

Ja, das ist oft passiert, und diese Schwierigkeiten gibt es bis heute in unterschiedlicher Weise. Oft inspizierten sie den Koran und warfen ihn dann hin. Als ich noch in Kandahar war, sprach ich mit dem Roten Kreuz und fragte, wer den Koran hergebracht habe, und sie sagten: »Wir haben ihn hergebracht.« Ich erwiderte dann, sie sollten den Koran wieder mitnehmen, wir bräuchten ihn hier nicht, weil wir den Koran an diesem Ort nicht mit Respekt behandelt wissen können. Darauf kamen amerikanische Offiziere und sagten, wir befehlen den Soldaten, dass sie den Koran nicht mehr hinwerfen dürfen. Dennoch geschah es wieder.

Eines Morgens, als ich in Kandahar der Gebetsvorsteher war, waren wir gerade im Gebet, da kamen die Amerikaner und wollten mittendrin einen Gefangenen zum Verhör mitnehmen. Während wir niederknieten, öffneten sie die Türen, kamen rein und nahmen die Person mit sich zum Verhör! Außerdem durften wir uns während des Gebets nicht erheben. Als wir uns beim Roten Kreuz beschwerten, dass so etwas passiert sei, drohten uns die Amerikaner erneut, weil wir uns beschwert hätten.

Dann kamen die Ärzte und fragten, was passiert sei und ob wir uns verletzt hätten. Wir haben uns beschwert, und die Amerikaner drohten uns, weil wir uns beschwert haben, und wir wurden beschimpft, weil wir mit dem Roten Kreuz gesprochen hatten. Dann untersuchten uns die Ärzte, und in der Zeit geschah etwas mit dem Koran. Sie ließen Hunde in unsere Käfige. Diese untersuchten den Käfig und näherten sich dem Koran.

An einem anderen Tag verteilte ein Soldat Essen an die Gefangenen und sagte, jeder habe eine halbe Stunde Zeit zum Verzehr. Unter uns gab es einen Mithäftling, der krank war und Zahnschmerzen hatte. Er konnte seine Mahlzeit nicht in der vorgegebenen Zeit aufessen. Als der Soldat kam, war der Gefangene noch nicht ganz fertig, deshalb sagte er zu dem Soldaten: »Ich brauche mehr Zeit, weil ich Zahnschmerzen habe.« Darauf forderte der Soldat ihn auf, vor die Tür zu kommen, schlug ihm dort mit der Faust auf den Mund und fragte: »*Warum* hast du dein Essen nicht aufgegessen?«

Darauf nahmen wir alle zwei Tage lang keine Nahrung zu uns. Das war diese Solidarität unter den Gefangenen, keiner hat gegessen. Dann kamen die zuständigen Amerikaner, und ich habe übersetzt. Sie wollten wissen, wo die Schwierigkeiten lägen, warum wir nicht äßen? Ich sagte in Vertretung der Gefangenen, was zwei Tage zuvor so passiert sei: Wenn wir Schwierigkeit beim Essen hätten und nicht essen könnten, schlügen sie uns, weshalb wir nun nicht essen wollten. Darauf versprachen die Verantwortlichen, dass so etwas nicht noch einmal geschehen würde. Wir sollten das Essen wieder aufnehmen, und der Soldat, der diese Tat begangen hatte, würde bestraft.

Wir wussten nicht, ob sie diesen Soldaten tatsächlich bestraft hatten oder nicht. Zwei Tage danach jedenfalls wurde ich vom Weinen mehrerer Gefangener aufgeweckt. Ich fragte, warum weint ihr, und was ist passiert? Sie sagten, dass dieser selbe Soldat den Koran genommen und ihn in zwei oder drei Mülleimer, die dort herumstanden, geworfen habe. Es war derselbe Soldat. Dies habe ich alles mitbekommen. Das war in Kandahar.

Als wir nach Kuba kamen, wurde auch dort der Koran unehrenhaft behandelt. Sie inspizierten ihn und warfen mit ihm. Dann begannen wir mit einem Hungerstreik, damit sie den Koran wieder an sich nehmen sollten. Einige Tage hat das gedauert, danach kamen die verantwortlichen Amerikaner und fragten, was wir beabsichtigten und warum wir den Koran zurückgeben wollten. Sie weigerten sich, den Koran zurückzunehmen.

Unsere Bedingung war, wir behalten den Koran nur, wenn ihn keiner berührt. Nach einigen Tagen haben sie das akzeptiert und zugesagt, dass keiner den Koran anfassen werde. Da fingen wir wieder an zu essen. Dennoch geschah es noch einige Male, dass sie den Koran berührten. Einmal hörten wir, dass sie unflätige Wörter auf Englisch in den Koran geschrieben hatten. Einige Male hörte ich, dass sie ihn wieder inspiziert hatten, aber selbst habe ich das nicht gesehen.

Wurden die Gebetszeiten eingehalten?

Ja.

Wurden die Nahrungsgewohnheiten respektiert?

Das Essen war in Ordnung, aber die Portionen fielen immer zu klein aus. Deshalb litten wir immer unter Hunger und wurden niemals satt. Zwei Jahre lang ging es so. Danach bekamen wir mehr Essen. Da war ich in Camp 4. Dort gab es genügend Essen, aber es schmeckte nicht. Alles wurde im Wasser zerkocht.

Sind die Hunde auf die Gefangenen losgelassen worden?

Das habe ich nicht gesehen. Geschnüffelt haben sie, während sie in unsere Zellen kamen. In Kandahar und in Bagram war das üblich. Als ich nach Kuba kam, kamen Hunde in unser Zellen, und die Gefangenen fingen an, sie wegzutreiben und zu schlagen. Sie ließen sie nicht in ihre Zellen rein. Darum haben die Amerikaner damit aufgehört, Hunde in unsere Zellen schicken zu wollen. Denn jedes Mal, wenn die Hunde in die Zelle kamen, haben die Gefangenen geschrien, was die Hunde sehr verwirrte, und so hatte ihr Einsatz für die Amerikaner keinen Zweck mehr.

Es gab auch Wärterinnen?

Ja, viele.

Haben die Wärterinnen körperlichen Kontakt zu den Häftlingen gehabt?

Ja, sie kamen, als wir unsere Kleidung wechselten, oder sie verteilten das Essen.

Waren sie Ihnen gegenüber respektlos?

Einige ja, einige nicht.

Gab es Musikbeschallung?

Morgens und abends gab es diese Zeremonie. Sie war weit von unserem Camp entfernt, aber wir hörten sie drinnen.

Haben Sie die amerikanische Nationalhymne gehört?

Ja, die haben wir gehört.

Sind Sie mit körperlicher Gewalt konfrontiert gewesen?

Sehr oft, aber in meinem Fall war es weniger die physische, als vielmehr die psychische Gewalt, die sich seelisch niederschlug, zum Beispiel in Depressionen. Im Arabischen gibt es das Wort »Estebsa«. Estebsa hat die Bedeutung: Wenn Sie sich in diesem Zimmer aufhalten, schließe ich die Fenster und die Türen und ziehe die Vorhänge zu, weil ich Sie sehr einengen will, damit Sie krank werden, die Klaustrophobie kriegen und sich umbringen oder sich etwas antun. So haben sie es gemacht.

Hat man Hitze und Kälte gegen Sie eingesetzt?

Ja, das haben sie gemacht. Gefoltert haben sie uns aber nicht primär physisch, sondern sie haben uns eingeengt, und zwar so sehr, dass wir uns unter dem Druck selbst alles Mögliche angetan haben. Das war der Grund, warum es jeden Tag Gefangene gab, die sich umbringen wollten. An einem Tag waren es 28 Personen, die Selbstmordversuche unternahmen, aber sie hatten keinen Erfolg. Sie haben sich aufgehängt. Aber es kamen gleich Leute, die sie daran hinderten, ihre Tat zu vollenden. Es war auch deshalb so beengend, weil es keine Gesetze gab, sondern nur Willkür. Es kam ein Soldat und fragte: »Warum habt ihr das gemacht?« Dann kam ein anderer Soldat und fragte: »Warum habt ihr dieses Tuch? Gib es mir.« Es war unerträglich, man wurde immerzu schikaniert, eingeengt. Wie sollte man so leben?

Haben Sie psychische Erkrankungen bei den Häftlingen wahrgenommen?

Alle hatten damit zu tun. Keiner war davon befreit. Aber es gab unterschiedliche Stufen. Einige sind verrückt geworden und haben ihren Verstand verloren. Jeder war psychisch krank. Auch ich bin es noch, die Symptome werden aber schwächer.

Um welche Symptome handelt es sich?

Während ich rede, denke ich, dass ich keine Kontrolle über das habe, was ich sagen, und das, was ich nicht sagen will. Lange Zeit konnte ich nicht schlafen. Zwei bis drei Tage am Stück war ich wach. Das ist inzwischen vorbei. Wenn ich nicht schimpfen wollte, habe ich geschimpft und hatte keine Kontrolle. Wegen einer Kleinigkeit, die unpassend war, wurde ich wütend oder traurig. Ich fühlte mich so eingeengt.

Ist das Familienleben schwieriger für Sie geworden?

Nein, es ist gut. Sie nehmen sehr viel Rücksicht auf mich. Was ich will, geben sie mir, und wenn ich etwas sage, hören sie auf mich. Alles, was mir gut tut, machen sie für mich.

Sie erwähnen die Versuche, sich im Lager umzubringen. Wie konnte man sich umbringen, da alles offen war?

Zum Beispiel hatten wir Tücher. Es gab ein Fenster, wo einzelne versucht haben, sich aufzuhängen, oder sie fanden etwas Spitzes, mit dem sie ihre Pulsadern aufschnitten. So haben sie es oft versucht, aber die Wachen waren rund um die Uhr wach, damit sich keiner etwas antat. Wenn sich jemand etwas antat, waren sie gleich da. Jeden Tag passierte das, aber keiner starb. Wenn es gravierend war, musste er ins Krankenhaus eingeliefert werden und bekam Sauerstoff.

Wenn ein Hungerstreik sich hinzieht, ist es eine Frage der Zeit, bis der erste Häftling stirbt …

Warum haben wir den Hungerstreik begonnen? Weil wir die Situation verbessern wollten, weil wir Respekt gegenüber dem Islam, dem Koran, dem Beten und den Menschenrechten einklagen wollten. Uns ist es untersagt, am Feiertag zu arbeiten, es ist ein Verstoß, wenn der Bart und der Kopf kahlgeschoren werden. So etwas machten sie, oder sie nahmen, wenn einer eine Straftat begangen hatte, diesem alle Kleidung weg und ließen ihn im Käfig. Wichtig war für uns der Respekt gegenüber den Menschenrechten, gutes Benehmen und Respekt gegenüber der Religion.

Wenn der erste Häftling stirbt, welche Reaktion erwarten Sie von den Häftlingen, welche von der Weltöffentlichkeit?

Die Gefangenen haben außer dem Hungerstreik keine andere Möglichkeit, überhaupt zu reagieren. Sie können nur mit den Soldaten und denen reden, die die Verhöre durchführen, sie können deren Fragen beantworten, nur das können sie machen. Die Reaktion der Weltgemeinschaft kann ich nicht abschätzen, weil ich im Gefängnis nichts von dem gehört habe, was in der Welt geschah, und ich wusste nicht einmal, ob die Nachrichten von dem, was im Lager geschah, ihren Weg nach draußen fanden.

Haben Sie im Lager erfahren, dass die Welt von Ihnen wusste?

Ich habe es von anderen gehört, aber über vieles, was in der Welt passierte, wusste ich nicht Bescheid.

Haben Sie die Journalisten gesehen, die ins Lager gekommen sind?

In der letzten Zeit kamen einige Journalisten aus Amerika und fotografierten uns, sprachen aber nicht mit uns. In einem Camp haben wir sie gesehen und danach nicht mehr. Das war das Camp 4, in dem es bessere Bedingungen gab. Dort kamen sie hin und fotografierten nur. Als die Journalisten kamen, mussten wir reingehen und die Tür hinter uns schließen. Dann kamen sie und machten ihre Fotos. Wir wussten nicht, wer sie sind und weshalb sie gekommen sind. Das war im letzten Jahr.

Waren Sie jemals im Straflager?

Es gab sechs Camps. Eines dieser Camps hatte für 200 Menschen Platz. Dieses war besser als all die anderen Camps, in denen mit Strafen gearbeitet wurde. Ich war nie in einem der härteren Camps. In der letzten Zeit haben sie Camp 5 gebaut, es ist sehr hart dort.

Stimmt es, dass Sie so etwas wie der Vertreter oder Sprecher der Gefangenen gewesen sind?

Zuletzt war ich das.

Und was hörten Sie von den anderen Häftlingen?

Das war so eine Sache, eine Art Abkommen mit den Amerikanern. Es wurde ein Rat mit sechs Gefangenen eingerichtet. Er bestand aus fünf Arabern und mir als Afghane. Die Amerikaner wollten uns für ihre Zwecke benützen. Sie wollten natürlich, dass alles, was die Gefangenen verlangten, durch das Lagerpersonal geregelt werden sollte. Ich war Gefangener und konnte nichts machen. Wir mussten den anderen Gefangenen sagen, dass sie keine Schwierigkeiten machen sollten. Das verlangten die Amerikaner von uns.

Sie sagten: »Wenn ihr die Situation normalisiert und die Gefangenen wieder essen und ihr den Hungerstreik beendet, werden wir euch besser behandeln.« Wir haben uns unter uns beraten und mit dem Lagerkommandanten gesprochen und gesagt, dass wir hier zwar die Vertreter der Gefangenen seien, aber keine Befehlshaber für die Leute. Wir wollten, dass bessere Haftbedingungen im Lager herrschten, aber die Gefangenen selbst könnten ihre Situation nicht verbessern, nur die Amerikaner könnten das. Sie müssten uns deshalb nichts vorschlagen, sondern wir schlügen ihnen etwas vor.

Deshalb formulierte ich einige Anregungen, und sie gaben uns Versprechungen. Sie versprachen, dass sie uns gemäß der Menschenrechte, wie sie in der Genfer Konvention formuliert sind, behandeln wollten. Dieser General sagte, er werde uns das gewähren, allerdings nicht vollständig, er würde uns von diesen Rechten nicht alle geben, aber einen Teil. Ich habe gesagt, wir wollen nur zwei Sachen.

Das eine ist, dass sie das Recht haben, jemanden bis zu einem Monat in Einzelhaft zu behalten, aber eben nicht länger. Ich sagte: »Ihr habt dieses neue Camp gebaut, in dem die Gefangenen bis zu 17 Monate lang im Einzelhaft sitzen. Keiner sieht dies, es muss beendet werden.«

Zweitens verhält es sich nach der Genfer Konvention so: Wenn eine Beschuldigung vorliegt, muss die Tat bewiesen werden. Die Amerikaner haben aber in vier Jahren bisher nichts beweisen können. Wir müssen vor Gericht gestellt werden.

Ich sagte: »Wenn ihr diese beiden Vorschläge nicht akzeptiert, können wir die Gefangenen nicht vertreten, weil die Leute das von uns verlangen.« Die Amerikaner sagten uns: »Ihr bekommt heute oder morgen eine Antwort.« Aber es kam keine, so dass ich dann zurücktrat, weil die Gefangenen wissen wollten, was ich erreicht hätte, und ich konnte nichts sagen.

Man hat also versucht, einen Keil zwischen die Häftlinge und ihre Repräsentanten zu treiben?

Ja, das wollten sie so, aber ich habe nicht mit ihnen kooperiert. Ich wollte, dass nach dem Gesetz gehandelt wird. Wenn sie wollten, dass die Gefangenen einen Vertreter hätten, dann sollte es auch einen offiziellen Vertreter der Gefangenen geben. Das war mein Standpunkt.

Ist Ihnen im Verlauf Ihrer Internierung aufgefallen, dass sich die Führung des Lagers geändert hat?

Die Soldaten haben gewechselt, aber nicht der Kommandant.

Es gab später einen General Miller, der nach seinem Dienst in Guantánamo ins irakische Gefängnis von Abu Ghraib versetzt wurde. Ich habe gehört, er hätte sein Amt erheblich härter geführt?

Das stimmt. Dieser Miller war einer der schlechtesten Menschen, die ich je gesehen habe. Während seiner Zeit wurden die Religion und die Menschlichkeit schwer verletzt. Es stimmt, er wurde später versetzt.

Sind die Afghanen besser behandelt worden als die Araber?

Es gab keinen Unterschied.

Wie oft wurden Sie in all der Zeit verhört?

Es war unterschiedlich. Bei mir geschah es jede Woche. Am Anfang jeden Tag, dann jede Woche einmal, dann auch manchmal zwei- bis dreimal in der Woche.

Mit den immer gleichen Fragen?

Den immer gleichen Fragen. Aber wenn es etwas Neues gab, wenn sie neues Material hatten, fragten sie mich, brachten Fotos. Ich sage Ihnen, es war manchmal kein Gefängnis, sondern eine Art Universität, in der man seine Studien betreiben konnte. Es war eine eigene Forschungsstätte für die Amerikaner, die sich wie Detektive mit allem befassten. Sie fragten nach allem und wollten alles wissen, was unser Gehirn denkt – einfach alles. Auch nach Themen, die mit uns nichts zu tun hatten, haben sie uns gefragt, nach wissenschaftlichen Fragen, kulturellen Fragen, geographischen Fragen, ethnischen Fragen, Fragen über Stämme und unsinnige Fragen, alles haben sie gefragt.

Hat sich die Technik der Befragung geändert?

Es gab Unterschiede.

Waren Sie manchmal mit dem so genannten »guten«, mal mit dem »bösen« Verhörer konfrontiert?

So sind sie vorgegangen, zuerst haben sie einen verwirrt, dann haben sie gequält. Es gab unterschiedliche Stufen, bis sie zum Schluss direkt gastfreundschaftlich waren. Jede Methode haben sie benützt.

Hatten Sie das Gefühl, dass die Wärter der Situation gewachsen waren?

Ich glaube zunächst einmal, dass sie nicht imstande waren, die Situation zu kontrollieren, aber ich betone, dass einige der Wärter feine Charaktere waren, die uns auch gut behandelt haben. Andere dagegen sahen in uns nur ihre Feinde und behandelten uns auch so. Für sie war dies eine Situation zwischen Feinden, und die Häftlinge taten in ihren Augen nichts anderes, als Probleme zu machen. Manche Soldaten haben die Häftlinge regelrecht provoziert, damit sie Probleme machen sollten. Manche der Soldaten waren gutartig und wichen solchen Problemen aus. Ich war nicht einmal sicher, dass es sich bei den Wachen um richtige Soldaten handelte. Gerade in der Gefängnissituation braucht man doch Menschen, die mit Freundlichkeit auftreten und die Häftlinge barmherzig behandeln und nicht rücksichtslos.

Ich habe erfahren, dass einige Wachen der Situation psychisch kaum gewachsen waren und dass man ihnen, wenn ihre Moral nachließ, immer wieder die Bilder des 11.9. gezeigt habe mit dem Hinweis: Das waren jene dort, die ihr bewacht. Können Sie das bestätigen?

Ja, ja, das habe ich auch erlebt, und diese Sequenzen wurden mir auch gezeigt. Aber als das geschah, habe ich gesagt: »Ja, ich weiß, was da in eurem Land am 11.9. geschehen ist, und wenn ihr glaubt, ich sei daran beteiligt gewesen, gut, kein Problem, dann war ich eben in euren Augen daran beteiligt, kein Problem, aber wo ist mein Prozess? Wenn ich schuldig, wenn ich ein Krimineller sein soll, dann müsst ihr mich vor Gericht stellen. Denn nur ein Gericht kann darüber befinden, dass ich schuldig bin. Was mache ich also hier? Ihr habt nichts gegen mich in der Hand.« Deshalb bestand ich auf dem Gericht, denn ich wusste, sie hatten nichts. Da verstanden sie, dass die Leute im Lager keine Angst vor der Gerichtsbarkeit hatten. Vielmehr war es die amerikanische Seite, die eigentlich verhindern musste, dass hier jemand vor Gericht gestellt werden würde. Sie hätten so gerne jemand vor Gericht gestellt, aber sie fanden niemanden.

Haben Sie selbst denn damit gerechnet, dass man Ihnen eines Tages einen offenen Prozess machen und Sie vor Gericht stellen würde?

Nein, nie, damit habe ich nicht gerechnet. Ich bin unschuldig. Ich kenne mich selbst. Ich weiß, wer ich bin und kann in mein Herz blicken. Ich weiß, was ich getan habe und was nicht. In diesem Augenblick befinden sich die Häftlinge seit fünf Monaten im Hungerstreik. Die Häftlinge verlangen Gerechtigkeit, nichts weiter, nur Gerechtigkeit. Doch warum wird ihnen das gewöhnlichste Menschenrecht aberkannt? Warum halten sich die Amerikaner nicht an die Genfer Konvention? Warum halten sie sich nicht einmal an amerikanisches Recht, warum nicht an das Recht der Vereinten Nationen? Und warum werden wir aus diesem Lager entlassen, ohne dass die geringste Regelung für unseren Status getroffen worden ist? Man sagt den Häftlingen in Guantánamo: »Wir entscheiden über alles, mehr Regelungen braucht ihr nicht.« Denn es gilt kein Gesetz, keine Regel, kein Prinzip für Guantánamo.

Vielleicht glauben die Amerikaner ja selbst nicht an Ihre Schuld und brauchen nur einen Ort, von dem sie sagen können: Da sitzen die Verbrecher!

Es ist alles politisch. Sie schnappen sich ein paar Leute, werfen sie ins Gefängnis, sperren sie da für eine lange Zeit ein und machen Propaganda gegen sie, sagen, wir haben Terroristen geschnappt und machen immer weitere Fortschritte im Kampf gegen den Terrorismus, und wenn sie jetzt alle Häftlinge entließen und die keinen Prozess bekämen, würden die Leute draußen wohl fragen: Wo sind sie denn nun, die Terroristen? Warum habt ihr so viel Geld in die Aufrechterhaltung dieses Lagers gesteckt? Warum habt ihr solche Schande über Amerika gebracht mit diesem Lager?

Aus diesem Grund haben sie die entlassenen Häftlinge unterschreiben lassen, dass sie nichts sagen werden. Aus diesem Grund halten sie alles so geheim wie irgend möglich, aus diesem Grund setzen sie ohne Indizien, ohne Beweis, ohne Urteil alles daran, die eigene Regierung, das Volk und andere Völker und deren Regierungen davon zu überzeugen, dass sie keine Fragen stellen und keine Aufklärung verlangen sollen, damit niemand genau erfährt, was hier eigentlich los ist. Denn wenn sie die Gefangenen vor Gericht stellen würden, würden diese freigesprochen werden. Das ist der wahre Grund dafür, dass sie nicht vor Gericht gestellt werden, und aus eben diesem Grund sind die Gefangenen nun seit fünf Monaten im Hungerstreik. Sie verlangen Gerechtigkeit und sagen, wir werden unseren Hungerstreik so lange fortsetzen, bis uns Gerechtigkeit widerfährt – und wohlgemerkt meinen wir damit nicht die Gerechtigkeit des Islam, sondern die der amerikanischen Justiz. Wir sind menschliche Wesen und wollen als solche respektiert werden.

Unter welchen Umständen sind Sie frei gekommen?

Ich hatte keine Schuld. Was hätten sie machen sollen, es hätte keinen Zweck gehabt, und Informationen gab es ja auch keine mehr.

Wo hat man Sie hingeflogen?

Hierher, nach Kabul.

Wer hat Sie hier empfangen?

Ja, ich wurde der Regierung übergeben, weil die Menschen

sich an die afghanische Regierung gewandt haben, und die Regierung wollte es so von den Amerikanern, deshalb bin ich frei geworden. Von Guantánamo wurde ich hier an die Regierung übergeben, und die Regierung brachte mich hierher. Dieses Haus gehört der Regierung, und die Regierung zahlt die Miete bis zu einem Jahr.

Hat man sich bei Ihnen entschuldigt?

Nein.

Haben Sie jetzt gesundheitliche Konsequenzen zu tragen?

Ja, das habe ich.

Haben Sie irgendetwas unterschreiben müssen, bevor Sie das Lager verlassen durften?

Ja, ich habe unterschrieben.

Einen wirkungslosen Zettel vermutlich, denn warum sollten Sie sich schriftlich zu irgendetwas verpflichten?

Sie haben mich genötigt, indem sie sagten: »Wenn du nicht unterschreibst, bleibst du hier für immer.« Trotzdem habe ich nicht unterschrieben, was sie mir vorlegten. Ich habe bloß so eine kleine Notiz unterschrieben. Sie aber wollten, dass ich mich schuldig bekenne und ihnen das Recht einräume, mich im Namen der Vereinigten Staaten hier gefangen gehalten zu haben und dank ihrer nun frei zu kommen. Ich sagte: »Gut, aber ich möchte keine Vergebung. Eine Begnadigung lehne ich ab, ich will nur wissen: Was wirft man mir vor, warum bin ich hier?«

Das erste habe ich also nicht unterschrieben. Als Nächstes sollte ich unterschreiben, dass ich an keinen terroristisch-militärischen Schulungen mehr teilnehmen würde. »Welche Schulungen«, fragte ich, »sagen Sie mir, worin meine Schuld besteht!«

Außerdem sollte ich unterschreiben, dass ich mich an keiner terroristischen Handlung gegen die Vereinigten Staaten beteiligen würde. Da wiederholte ich, was ich früher schon gesagt hatte: Was für Handlungen? Was wirft man mir vor? Ich bin unschuldig, und zwar in allen Punkten. Sieben Punkte hatten sie aufgelistet. Also habe ich nur unterschrieben, dass ich auch künftig keine Gefahr für das amerikanische Volk darstellen und nichts gegen die Regeln der Vereinten Nationen unternehmen würde.

Wenn Sie ein Terrorist wären, hätten Sie vermutlich unterschrieben und anschließend getan, was Ihnen passte.

Es stand in diesem Dokument ja auch, dass ich mich verpflichte, nicht vor Gericht zu ziehen und meinen Fall nicht neuerlich verhandeln zu lassen. Darauf erwiderte ich ihnen: »Natürlich muss ich vor Gericht ziehen, und ich werde auch vor Gericht ziehen, ich muss nur den richtigen Zeitpunkt finden. Wenn ich dies alles überlebe, wenn ich überhaupt überlebe, dann werde ich mich wehren, deshalb bin ich nicht bereit, Ihnen jetzt und hier Ihren Zettel zu unterschreiben.«

Die jordanischen Häftlinge organisieren bereits eine Sammelklage und hoffen, möglichst viele der arabischen Häftlinge zusammenzubringen.

In meinem Fall handelt es sich aber eigentlich um zwei

Klagen. Die eine erhebe ich gegen die Vereinigten Staaten, die zweite gegen Pakistan. Denn dass mich Pakistan unter Verletzung meiner diplomatischen Immunität an die Amerikaner ausgeliefert hat, ist für mich erst einmal vorrangig. Die zweite Klage betrifft die Frage, warum ich vier Jahre lang festgehalten worden und dann ohne Prozess entlassen worden bin. Ich werde sehen, wann die Zeit reif ist, und dann werde ich handeln.

Müssen Sie hier in Afghanistan augenblicklich um Ihre Sicherheit fürchten?

Ich glaube nicht, nicht ernsthaft, vorausgesetzt, ich verhalte mich ruhig. Ich muss mich eben ruhig verhalten.

Aber genau das können Sie doch gar nicht!

Wir werden sehen.

Was erwarten Sie jetzt politisch, was wird aus Guantánamo werden?

Das Lager muss geschlossen werden. Denn wenn jemand schuldig ist, gehört er vor Gericht, andernfalls muss man ihn nach Hause schicken. Seit vier Jahren wurde keiner dem Gericht überstellt. Mit welcher Begründung sitzen die Menschen dort? Sie haben keine Schuld und gehören nach Hause.

Was kann man von außen für die Häftlinge tun?

Respekt zeigen. Abgesehen davon gibt es eine einzige Sache, die geschehen muss: Die Amerikaner müssen die

Gesetze der internationalen Gemeinschaft respektieren, sonst nichts. Wenn sie diese respektieren, werden alle entlassen und keiner bleibt. Wenn sie sie nicht respektieren, ist es Unterdrückung. Es muss mehr Proteste geben.

Die afghanische Regierung wirkt nicht, als könne sie Druck auf Amerika ausüben.

Wo ist die Regierung?

Erwarten Sie mehr Solidarität internationaler Staaten gegen das, was in Guantánamo passiert?

Ich habe gehört, dass eine UN-Delegation dort war. Ob es stimmt, weiß ich nicht. Wenn die UN auf Amerika Druck ausüben, könnte dies zu einem Ergebnis führen, und das ist auch dringend notwendig. Weil die UN die Aufgabe und die Pflicht haben, die Rechte der Schwachen und der Wehrlosen zu schützen. Ich denke, dass die Guantánamo-Gefangenen die unterdrücktesten Menschen der Welt sind.

Können Sie heute wieder arbeiten?

In welchem Bereich?

Als Ökonom.

Ich habe mich noch nicht entschieden. Alles, was ich wusste, habe ich vergessen. Ich bin nicht sicher, ob ich das, worauf ich mich einmal verstand, wieder praktizieren könnte oder nicht. Ich konnte zum Beispiel am Computer arbeiten. Jetzt kann ich nicht einmal tippen, und wenn ich ins Internet gehen will, um meine Mails abzurufen, kann ich das auch nicht. Alles habe ich aus dem Gedächtnis verloren, muss alles wieder neu lernen. Alles ist so.

In diesen vier Jahren habe ich weder ein Buch gesehen, noch einen Stift in der Hand gehabt, noch mich fortgebildet, noch etwas gehört oder gelesen. Von allem war ich abgeschnitten, mein Gedächtnis und mein Kopf funktionieren schlecht, weil ich während dieser Zeit keine Beschäftigung hatte außer dem Nachdenken. Natürlich, wenn jemand den ganzen Tag und das ganze Jahr über sein ganzes Leben nachdenkt, wird er verrückt. Das war eine seelische Qual.

Haben Sie jetzt Freude daran zu lesen?

Kann ich nicht, es geht nicht. Ich habe viele Bücher gekauft, dort sind sie, in dem anderen Raum. Bisher habe ich kein einziges Buch gelesen. Zehn Minuten halte ich es aus, dann kann ich nicht mehr.

Können Sie Musik hören?

Mag ich nicht.

Haben Sie Freude an der Natur?

Ich war bisher noch nicht draußen, weil sie uns sagten, wegen der Sicherheitslage müsse ich aufpassen. Ich bin zu Hause, ich schaue aus dem Fenster, bekomme Besuch und habe Gäste, mit denen ich mich unterhalte. Ich wollte ein Buch schreiben, konnte es aber nicht.

Wie erklären Sie es sich selber, dass Sie nicht gebrochen sind?

Ja, die Amerikaner fragten mich auch: »Wie kommt es, dass du nicht verrückt wirst? Wenn wir hier nur einen Monat verbringen würden, würden wir verrückt werden.« Das haben sie wirklich gesagt. Das Einzige, was wir hatten, war der Koran, sonst nichts.

Dank

Ich danke vor allem den Gesprächspartnern für ihr Vertrauen und Nina Tesenfitz von amnesty international, die mich mit Recherchen unterstützt und die Verbindung zu den meisten Exgefangenen hergestellt hat.

Ich danke Samih Kreiss, dem Anwalt der jordanischen Häftlinge, Saadiya Chaudary von Reprieve, Khuzama Alrashid, Gudrun Sidrassi, Lucine Tamenian, Michael MeyerResende, danke Peter Franck, Maria Sannikowa, Alexandra Zernowa, Kartik Varada Raj, danke Sharon Critoph, Bernhard Docke, Jenny Turner und besonders Nadia Karim.

Zusätzlich danke ich sehr sämtlichen Dolmetschern und Übersetzern, danke Clive Stafford Smith, dem Rechtsanwalt von vierzig Guantánamo-Häftlingen und Leiter von Reprieve, Dr. Franz Janssen, dem Leiter des Zentrums für Folteropfer, Berlin, und Jens Siegert, dem Leiter der Heinrich-Böll-Stiftung in Moskau.

schwersten unter staatlichem Terrorismus zu leiden hatten und haben: in Palästina, im Irak, in Bosnien, Tschetschenien und Somalia. Heerscharen westlicher Denker und Wissenschaftler, Kriegsberichterstatter und Kulturschaffender sorgen dafür, dass die Verbannung dieser Wahrheit aus der öffentlichen Diskussion gerechtfertigt scheint. »Pilgers Reportagen sind empirisch begründet und sorgfältig belegt«, lobt der Londoner Independent Pilgers Arbeit.

John Pilger »Verdeckte Ziele. Über den modernen Imperialismus«. Aus dem Englischen von Waltraud Götting. 348 Seiten. Halbleinen. 19,90 €. Nummer 200215.

Der verbotene Millionenseller. Ausgezeichnet mit dem Lettre Ulysses Award, dem »Nobelpreis für Journalismus«.

Chen Guidi und Wu Chuntao

Zur Lage der chinesischen Bauern. Eine Reportage.

Die chinesische Wirtschaft boomt mit zweistelligen Zuwachsraten. Für die Europäer ist die Volksrepublik ein riesiger Zukunftsmarkt. Doch abseits der neuen Megastädte leben über sechzig Prozent der chinesischen Bevölkerung in bitterer Armut: 900 Millionen Bauern, Land- und Wanderarbeiter.

Auf dem Land herrschen Despotie und Willkür. Die Bauern werden mit unsäglichen Steuern und Abgaben belegt – zugunsten der stürmischen industriellen Entwicklung und der Prosperität der Ostküstenmetropolen. China ist ökonomisch und kulturell tief zerrissen – so tief, dass selbst die Bewohner von Peking und Schanghai so gut wie nichts über die Lebensbedingungen der Bauern wissen.

Das chinesische Schriftsteller-Ehepaar Chen Guidi und Wu Chuntao (sie stammen beide vom Land) beschloss, die Situation der Landbevölkerung zu dokumentieren. Sie wollten den Städtern begreiflich machen, in welch zerrissenem Land sie leben, wollten ihnen die vergessene Mehrheit der Nation vorstellen, die Menschen, die bei der Modernisierung Chinas auf der Strecke bleiben. Guidi und Chuntao reisten in die Provinz Anhui und entdeckten erschütternde Zustände.

Ihre Reportage wurde in China sofort nach Erscheinen zum Bestseller. Doch bereits bei den Vorbereitungen für eine zweite Auflage schritt die Zensurbehörde ein. Inzwischen kursiert ihr Buch millionenfach als Raubkopie.

»Nüchterne Lektüre? Kapitel eins: Ein junger Bauer entdeckt, dass die Funktionäre illegal Steuern erpressen und verlangt eine Buchprüfung. Sie lassen ihn einsperren, in der Haft wird er zu Tode geprügelt. Kapitel zwei: Im Weiler Xiao Zhang wählen die Bauern vier Vertreter aus ihrer Mitte, um sich über den korrupten Vize-Dorfvorsteher zu beschweren. Der Vorsteher lässt den vieren vor aller Augen mit einem Gemüsemesser den Schädel spalten. Kapitel drei: 200 Polizisten und Milizionäre fallen in das Dorf Dagao ein und transportieren 52 der 100 Bewohner ab. Alte Frauen werden blutig geprügelt, Häuser verwüstet. Ihr Verbrechen: ›Widerstand gegen Steuerzahlung.‹ Auch sie hatten gegen ihre korrupten Beamten protestiert. Der Parteisekretär des Ortes sagt, wer sich gegen ihn stelle, der sei ein Feind des Staates, der zerstöre die Ordnung. Ein paar der Alten weinen, sie sagen, ähnlich sei es gewesen, als im Krieg die Japaner kamen. Da ist man erst auf Seite 80.« *Kai Strittmatter, Tagesanzeiger.*

Chen Guidi und Wu Chuntao »Zur Lage der chinesischen Bauern. Eine Reportage«. Aus dem Chinesischen von Hans Peter Hoffmann. Ca. 700 Seiten. Fadenheftung. Fester Einband. Ca. 39,90 €. Nummer 200299. *Erscheint Ende Juni 2006.*